Ist die moderne Kleinfamilie wirklich die ideale Lebensform? Darüber und über eine Vielzahl von Themen rund ums Kind läßt Katja Leyrer in einem fiktiven Briefwechsel die Hamburger Journalistin Vivian (46) und die Schwangerschaftsberaterin Ruth (32) diskutieren. Da geht es um Schwangerschaft und Abtreibung, Mutter- und Vaterschaft, Alleinerziehende, geschlechtsspezifische Sozialisation, berufstätige Mütter und vieles mehr. Daß die beiden Frauen dabei nicht immer einer Meinung sind, liegt auf der Hand, gehören sie doch von ihrer »feministischen Sozialisation« her zwei verschiedenen Generationen an.

Im Laufe der anderthalb Jahre, die in diesen Briefen dokumentiert werden, müssen beide Frauen, ausgelöst durch verschiedene Ereignisse, ihre Positionen grundlegend überdenken, Idealisierungen und Wunschvorstellungen relativieren und letztlich feststellen: Es gibt kein Patentrezept für das Leben mit Kindern (und auch nicht für das mit Männern), vorgefaßte Pläne für die Erziehung und die Strukturierung des Alltags müssen immer wieder überprüft und modifiziert werden, und die Kleinfamilie erweist sich in mancher Hinsicht als fragwürdiges Modell.

Katja Leyrer, geboren 1949, ist engagierte Feministin mit vielen Berufen und Mutter von drei Kindern. Publikationen u.a.: ›Rabenmutter – Na und?‹, ›Hilfe! Mein Sohn wird ein Macker‹ (Fischer Taschenbuch Bd. 4748), ›Weiberkram‹.

Katja Leyrer

Mythos Kleinfamilie

Dichtung und Wahrheit
über das Leben mit Kindern

Ein Briefwechsel
von Januar 1994 bis Juni 1995

Fischer Taschenbuch Verlag

Die Frau in der Gesellschaft
Herausgegeben von Ingeborg Mues

Gekürzte Ausgabe
Veröffentlicht im Fischer Taschenbuch Verlag GmbH,
Frankfurt am Main, Juni 1998

Lizenzausgabe mit freundlicher Genehmigung des
Konkret Literatur Verlages, Hamburg
Die Originalausgabe erschien
unter dem Titel ›Mama Papa Superkind?‹

Gesamtherstellung: Clausen & Bosse, Leck
Printed in Germany
ISBN 3-596-13530-3

Für Gespräche, Hinweise und Kritik danke ich herzlich Tina Debik, Sonja Deuter, Margret Hauch, Pino Olbrich, Bettina Stülpnagel, Gabriele Teckentrup und Hannelore Witkofski.
Die Personen und Arbeitsplätze sind erfunden. Zitate, Datenmaterial und Buchhinweise entstammen den im Literaturverzeichnis genannten Quellen.

Hamburg, Samstag, den 15. Januar 1994

Liebe Ruth im fernen Kassel!
Bitte schick mich *nie wieder* zu so einer blöden Weibergruppe! Es war furchtbar dort, und ich fühle mich immer noch schwer angeschlagen von diesem Gesäusel in Bielefeld. Könnte es sein, daß ich mit zunehmendem Alter eine Allergie gegen Frauengruppen und vor allem Mütter aus dem westdeutschen Mittelstand entwickle? Was meinst Du?
Ach, Ruth, es war ja lieb von Dir, daß Du mich auf dieses Frauentreffen aufmerksam gemacht hast, zumal ich das Thema der Veranstaltung reizvoll fand und einige Teilnehmerinnen sogar von früher kannte. Aber entweder habe ich mich verändert oder die sind nicht mehr dieselben! *Ich* konnte kaum etwas mit den Gesprächen anfangen, geschweige denn, eine Basis für meinen Artikel entdecken, obgleich ich mir einbilde, gutwillige Absichten gehabt zu haben.
Und nun bist *Du* auf Deinem vermaledeiten Familienplanungs-Seminar in Dresden, und ich bin allein mit meinem Frust in meiner öden Hamburger Wohnung und kann Dich nicht einmal telefonisch erreichen und als Verursacherin des gräßlichen Abends beschimpfen. Auch meine Freundin Marianne ist wie vom Erdboden verschwunden; niemand geht ans Telefon, und ich vermute in meinem aktuellen Mutterhaßanfall, daß sie wieder einmal heile Familie in ihrer Datsche in Lüchow spielt, mitsamt dem Ehegatten und ihren verzogenen Gören!
Ich muß, ohne mich bei irgend jemandem ausweinen zu können, nun auch noch einen Artikel über das Thema produzieren: »Zehn Jahre Rabenmütter-Gruppe in Bielefeld«! Das wirklich Dumme daran ist, daß ich das Thema selbst in der Redaktion vorgeschlagen habe. Ich dachte, es sei eine schöne Geschichte in unserer Serie zum Internationalen Jahr der Familie 1994, und ich wollte daraus eine kleine, feine und gemeine Realitätsrepor-

tage gegen »die kleinste Demokratie im Herzen der Gesellschaft« zaubern (Zitat: Vereinte Nationen).
Warum rufst Du nicht wenigstens einmal an aus Deinem komischen sächsischen Tagungszentrum? Zur Strafe kriegst Du jetzt einen zornigen Brief von mir. Und wehe Dir, liebe Ruth, Du antwortest nicht in gleicher Form!
Meine Liebe, Frauen sind – nicht nur in Bielefeld – *merkwürdige* Wesen. Wußtest Du das schon?
Du weißt das wahrscheinlich genausogut, wenn nicht besser als ich, doch mich irritieren manches Mal Deine Geduld und Deine Sanftmut. Erzähl mir nicht, daß die Frauen, die in Deine Beratungsstunden kommen, *anders* seien als meine Bielefelderinnen! Ich vermute, ich könnte das nicht: jede Woche immer wieder die gleichen Probleme und Problemchen anhören, freundliche Gespräche führen und gute Ratschläge geben – und am Ende machen sie doch wieder alles wie gehabt und schlittern ins nächste Unglück. Ich würde irgendwann anfangen zu brüllen, fürchte ich, und einem dieser geplagten, schwangeren Wesen ins Gesicht sagen: Warum bist du auch so blöd, du dämliche Frau??? Warum läßt du dich um Himmels willen hier und jetzt, gegen Ende des 20. Jahrhunderts, schwängern, als ob du nicht wüßtest, was anschließend auf dich zukommt? Warum tust du so, als könntest du keine Vorsichtsmaßnahmen ergreifen und dich nicht selbst entscheiden, verfluchter Mist?
Ruth, bitte sei ehrlich mit mir: Ist Mutterschaft eine besondere Form von weiblicher Dummheit? Entschuldige, ich meine damit nicht Dich, denn Du bist *anders*; Du gehörst zu den rühmlichen Ausnahmen, die irgendwann einmal in glücklicheren Zeiten im goldenen Notizbuch des Feminismus stehen werden. In einer Reihe mit George Sand, Clara Zetkin, Patti Smith und Lady Di, dieser wunderbaren Schlampe – bei ihr steht's aber noch auf der Kippe. Wir werden sehen ...
Hingegen jene Bielefelder Weiber – Göttin wird sie mit Nichtachtung strafen!
Sie langweilen mich. Es wabert mutterkultig auch bei diesen sogenannten »Rabenmüttern«. Und weißt Du schon das Neueste?

Frau heiratet heutzutage wieder, schamlos und nicht einmal mehr angeblich »um der Kinder willen«, denn die sind – wenigstens in den Bielefelder Fällen – ja heute relativ ausgewachsen. Das Ekelhafte ist, daß die Damen ihre antipatriarchalen Sprüchlein immer noch gut aufsagen können, vermutlich sogar daran glauben, aber schlichtweg nicht bemerken, daß sie sich weit von dem entfernt haben, was sie früher einmal wollten. Übriggeblieben ist eine süßliche Schwesterlichkeit, in der offenbar alles erlaubt ist, Hauptsache die Knete stimmt.

Drei der anwesenden Frauen kannte ich, flüchtig zumindest, denn ich bin ihnen vor gut zehn Jahren im Zusammenhang mit einer Rundfunksendung begegnet. Damals, ihre Kinder waren noch im Schulalter, wirkten sie sehr kämpferisch. Es muß im Herbst 1984 gewesen sein, es war meine erste große Sendung, und das Honorar war auch nicht zu verachten.

Und was haben sie *damals* für Statements abgegeben? Die Kleinfamilie sei Frauenunterdrückung, die Kinder brauchten väterliche Zuwendung, sie seien nicht mehr bereit, allein für Familienarbeit und Kinderversorgung verantwortlich zu sein. Undsoweiterundsofort.

Sie hatten 1983 eine der ersten »Rabenmütter«-Gruppen im Lande gegründet und damit Aufsehen erregt; tja, und sie schienen mir überzeugt davon zu sein, die Welt verändern zu wollen. – Ein schönes Feature war das damals: 45 Minuten Frauenpower!

Ach Ruth, es hatte (wenn es nicht so traurig wäre) schon eine gewisse Komik an sich, diese Oberfeministinnen nun zehn Jahre später zu erleben: edles Tuch um die etwas molliger gewordenen Hüften drapiert, eher mehr als weniger gut situiert und plappernd wie ein Verein von Kegelschwestern, die noch dazu Kaninchen züchten. Zwei von ihnen haben wieder geheiratet, eine dritte streitet gerade erneut um das Sorgerecht für ihre – fast erwachsenen – Kinder vor Gericht. Eine der beiden neuverheirateten Frauen gehört zu denen, die mir damals besonders gut gefallen haben: Sie hatte als eine der ersten im Lande nach ihrer Ehescheidung das geteilte Sorgerecht durchgefochten.

Und heute wirkt sie wie von allen guten Geistern verlassen, verkündet nur noch übersinnliche, esoterische Weisheiten. Sie arbeitet jetzt als Reiki-Lehrerin, falls Dir das etwas sagt, und wollte sich auch gleich um mein Sonnengeflecht bemühen, weil ich so verspannt sei. (Wahrscheinlich war ich sogar verspannt bei diesem Haufen, jedoch sicher nicht durch kosmische Strahlen zu retten.)
Gerechtigkeitshalber sei erwähnt, daß es unter den 21 anwesenden Frauen bei der Bielefelder Veranstaltung auch ein paar andere gab, die mir allerdings etwas verloren schienen. Ich war ja auch verloren. Meine Fragen stimmten nicht, und meine Vorbereitungen waren völlig falsch gewesen. Der Gipfel des Abends bestand darin, daß ich von Madame Reiki kritisiert wurde, als ich freimütig berichtete, seit gut acht Wochen nichts von Vanessa gehört zu haben. (Hochgezogene Augenbrauen, leicht gluckige Geräusche – so kam es mir zumindest vor. Aber Vanessa ist 23 Jahre alt! In Worten: dreiundzwanzig! Und deren verdammte Blagen sind auch größtenteils volljährig und keine kleinen Kinder mehr!)
Mir fällt in solchen Gesprächen nichts mehr ein, liebe Ruth, mir bleibt dann einfach die Sprache weg. Es war schlimmer als früher im schlimmsten Mütterzentrum! Die Damen haben sich fast ausschließlich über die neuesten Studienerfolge ihrer Gören unterhalten, unterbrochen von Problemen beim ökologischen Hausbau oder dem Austausch von Adressen eines Steuerberaters und einer Weinhandlung. Das abendfüllende Treffen bestand des weiteren im Gerede über »unsere damals etwas unrealistischen Ideen«, angeblich brandneue Forschungsergebnisse über weibliche Differenz und – zu fortgeschrittenerer Stunde – in kichernden, leicht zotigen »Erfahrungsberichten« über Liebhaber und Ehemänner sowie den Besuch eines Männerstrip-Lokals auf der Hamburger Reeperbahn.
Mein Bedarf an Frauenbewegung ist wieder einmal gegen Null gesunken. Liebste Ruth, wenn es Dich – und mich! – nicht gäbe, würde ich schlichtweg behaupten, Frauen und besonders Mütter, und von denen besonders die hiesigen frauenbewegten, sind

unerträglich, langweilig und nicht gerade mit Klugheit geschlagen!
Aus, fertig! – Ich schreibe keinen Artikel über dieses Treffen. Und am liebsten nie wieder einen über irgendein frauenpolitisches Thema! Es sei denn, Du meldest Dich postwendend und berichtest mir glaubhaft Positiveres von Deinen Dresdner Seminarteilnehmerinnen! Ich bin zwar skeptisch, aber mitunter habe ich in letzter Zeit mehr Vertrauen in die Ostlerinnen als in diese wiederkäuenden Restbestände bundesrepublikanischer Exfeministinnen.
Ich trink jetzt einen zweiten Cognac und muß dringend einen Krimi lesen. Und ich erwarte sehnsuchtsvoll einen aufmunternden Brief von Dir.
Einsam, mutterseelenallein, von allen Freundinnen verlassen und voller Wut

Vivian

Kassel / 18. Januar 1994 / 23.15 Uhr

Liebe Vivian,
gerade bin ich aus Dresden zurückgekommen und finde Deinen frustrierten Brief über die Bielefelder Veranstaltung.
Sei nicht gleich böse auf *alle* Frauen der Welt, liebe Vivian! Und vor allem nicht auf mich!
Um besonders letzteres zu verhindern, will ich Dir noch heute abend antworten. Allerdings bin ich todmüde von der langen und umständlichen Bahnfahrt, und es wird wahrscheinlich kein langer Brief werden.
Rolf und Jan sind übrigens bis morgen nachmittag mit Freunden aufs Land gefahren. So sitze ich, genau wie Du vor wenigen Tagen, ebenfalls ganz alleine in einer ausgestorbenen Wohnung. jedoch genieße ich dies heute – trotz kleiner Sehnsuchtsanfälle nach meinen Männern. Ich bin froh, ein wenig »Zeit für mich«

zu haben, um wieder richtig hier ankommen zu können. Jan ist zwar in der Regel nicht sehr anspruchsvoll, aber eben doch grad erst sechs Jahre alt und damit nicht unbedingt jemand, der Verständnis für abgeschlaffte Mutterfiguren wie mich hat.
Ich weiß nicht so recht, ob ich Dir wirklich *Positiveres* erzählen kann von den Frauen aus Dresden. Einerseits, andererseits. Das Seminar sollte ja dazu dienen, einen Überblick über den Stand der Arbeit in den Familienplanungszentren der neuen und alten Bundesländer zu vermitteln. Die Situation in der Ex-DDR unterscheidet sich ziemlich von unserer, u. a. weil die Erfahrungen mit dem Paragraphen 218 und der Frauenerwerbstätigkeit andere sind als hier. Und vielen Frauen dort ist die Art der Beratungsarbeit, wie wir sie kennen, noch fremd.
Deine Neugier in bezug auf die Ostfrauen kann ich jedoch nur sehr begrenzt stillen, denn die Seminarteilnehmerinnen waren mehrheitlich Westfrauen, die jetzt in den neugegründeten Beratungsstellen in der Ex-DDR arbeiten. Ich fand gerade das ein großes Problem, weil es zwischen den Ost- und Westfrauen große Schwierigkeiten gab, noch ehe wir zu irgendwelchen Inhalten gelangten. Positiv ausgedrückt: Ich komme von einem sehr streitbereiten Seminar. Höhepunkte der Auseinandersetzungen: Einige Westfrauen sprachen ihren Ostkolleginnen jegliche Kompetenz ab, und einige der Ostfrauen forderten für sich einen zeitweise von den Westlerinnen getrennten Seminarverlauf ...
Streß also, wie Du siehst, habe ich durchaus auch erlebt. Das Thema »Beratungserfahrungen mit jungen Müttern in den alten und neuen Bundesländern« hatte es ja von vornherein in sich. Die Lage in der Ex-DDR ist in vielfacher Weise katastrophaler als bei uns, sozusagen zum Weinen. Die Arbeitslosigkeit und die umfangreichen Kinderkrippenschließungen haben die Situation der Mütter (und der Frauen überhaupt) innerhalb von wenigen Jahren einschneidend verändert. Gleichzeitig stößt (oder stieß) das keineswegs auf einmütiges Mißfallen bei den Frauen, weil sich viele von der Wende auch Alltagsvorteile erhofften. Es ist ja auch kein traumhaftes Leben gewesen, die Kleinen in aller

Herrgottsfrühe in den Hort zu bringen ... Von den teilweise antiquierten Bedingungen und Erziehungsmaßstäben in der DDR ganz zu schweigen.
Die Fakts, von einer sehr angenehmen Referentin aus Leipzig vorgetragen, fand ich jedoch spannend und erstaunlich. Zwischen 1989 und 1993 sank die Geburtenrate in den neuen Bundesländern auf 40 Prozent und halbierte sich die Zahl der Eheschließungen. Zwar sind auch die Scheidungen extrem zurückgegangen, vermutlich hat das aber mit der inzwischen hohen Frauenerwerbslosigkeit zu tun – das war jedenfalls die Auffassung unserer Referentin. Insgesamt gibt es, so berichtete sie, direkt vor unserer Nase familienpolitische Veränderungen, die als »größter demographischer Umbruch in der deutschen Geschichte« bezeichnet werden. Und mehr als ein Viertel aller Frauen in Deutschland wird heute noch, so sagen die Statistiken, mindestens einmal im Leben ungewollt schwanger, sowohl in den alten als auch in den neuen Bundesländern ... Das, unter anderem, habe ich gelernt.
Ich habe mehrfach mit einigen Kolleginnen aus Magdeburg, Rostock und einem Nest in der Lausitz abends zusammengesessen. Bei deren Erzählungen kam mir mein/unser Leben hier in mehrfacher Hinsicht privilegiert vor. Jans Kinderladen zum Beispiel: 15 Kinder in der Gruppe fanden wir schon unerträglich viel ... In der DDR hatten sie Krippenschlüssel von 25 bis zu 30 Kindern! Andererseits gehörte es zur *selbstverständlichen* Lebensplanung der Frauen, Kinder *und* Beruf vereinbaren zu können. Und doch hieß das nicht »Feminismus«, sondern war eine Art staatliche Gleichstellungspolitik, die von vielen Frauen sehr kritisch gesehen wurde. Ich glaube, ich habe in diesen Gesprächen zum ersten Mal verstanden, daß die Unterschiede zwischen Ost- und Westerfahrungen groß sind und manchmal zu Mißverständnissen führen müssen. »Hausfrau« und »Familienarbeit« zum Beispiel bedeuten für die Ostfrauen etwas ganz anderes als für uns.
Witzig am Rande: Diese Ost-Kolleginnen wollten mir, wie die Westfrauen, nicht abnehmen, daß Rolf wirklich »wie eine Mut-

ter« für Jan ist und genausogut wie ich, wenn nicht besser, mit ihm umgehen kann. Daß manche Männer »helfen«, akzeptierten sie, aber ansonsten haben sie meinen Berichten wohl keinen Glauben geschenkt ... Sie waren fest davon überzeugt, daß Frauen besser für Kinder sorgen können als Männer. Oft komme ich mir in solchen Gesprächsrunden wie ein exotisches Tier im Zirkus vor.

Nun aber, liebe, wütende Freundin, noch ein paar Bemerkungen zu Deinem Bielefeld-Brief: Die Unterschiede zwischen den Ost- und Westfrauen sind wohl, nicht nur unter Müttern, bemerkenswerter und tiefer gehend als gedacht. Unsere Frauenbewegung in der BRD war ja immer eine eher privilegierte Angelegenheit und Modeerscheinung für Städterinnen. Das schließe ich jedenfalls aus dem, was ich selbst mitbekommen und gelesen habe.

Du weißt ja, ich bin diesbezüglich ein Küken und kann mit Euch älteren, erfahrenen Damen nicht konkurrieren. Ich war 1970 gerade acht Jahre alt und in Sachen Feminismus unschuldig wie ein Lamm. Als es dann *Emma* am Kiosk zu kaufen gab, fand ich sie eher langweilig und habe mein Interesse vor allem daraus bezogen, daß einige Leute (mein Vater) hysterisch auf Alice Schwarzer schimpften. Ich fand es als junges Mädchen ganz *normal*, die Pille zu nehmen. Und von den großen Demonstrationen und Debatten der Frauenbewegung ist nichts zu mir aufs Dorf vorgedrungen.

Manchmal neide ich Dir Deine Erfahrungen, manchmal aber kommt mir das alles auch ziemlich abgehoben und merkwürdig vor. Mit Frauenkneipen und Walpurgisnacht auf dem Besen habe ich meine Probleme ... Hier in Kassel ist aber alles eher kleinstädtisch und ruhig. Wir haben unser Frauenzentrum und den Frauenbuchladen, und das, seit ich hier lebe. Als Jan klein war, bin ich eine Zeitlang auch ins Mütterzentrum der Evangelischen Kirche gerannt. Und das hat mir gutgetan, nicht alleine mit dem Kind rumzuhängen. (Vivian, was hast Du eigentlich gegen Mütterzentren???)

Deine Verzweiflung über die Bielefelder »Rabenmütter« verstehe ich, weil ich Deine Hoffnungen und Deine Ungeduld ein wenig kenne. Du regst Dich aber, meiner Meinung nach, viel zu sehr auf. Du weißt doch eine Menge vom Leben und den Frauen, von gesellschaftlichen Bedingungen und politischen Zusammenhängen – was hast Du denn erwartet, liebe Vivian? Die feministische Revolution in Bielefeld? 1994, im »Jahr der Familie«?

Mich ärgern diese »erfahrenen Feministinnen« auch oft, vor allem, wenn sie weintrinkend über ihre Ehemänner herziehen oder sich nicht für die Probleme »meiner Frauen« im Zentrum interessieren. Aber ich kenne es nicht anders. Ich muß gestehen, *Du* bist für mich eine Ausnahme, denn ich habe ansonsten wenig Kontakt mit irgendwelchen Berühmtheiten der hiesigen Frauenbewegung.

Ich mag Dich ja gerade deshalb, Du alte Frau! Hast Du eigentlich mittlerweile etwas von Deiner Tochter gehört, Du Rabenmutter? Ha!

Liebe Grüße von Deiner Ruth

P.S.: Bitte erkläre mir, was Lady Di, George Sand und die anderen beiden von Dir genannten Damen mit mir gemeinsam haben. Und schreib den Artikel über diese Bielefelderinnen! Schreib doch einfach auch was über Deine Enttäuschungen … Weißt Du, Vivian, ich glaube übrigens wirklich, daß diese Schlagworte »Rabenmütter« und »Neue Mütterlichkeit« immer nur Moden sind oder waren. Für die meisten Frauen, die ich im Laufe meiner Zentrumsarbeit kennengelernt habe, hat das gar keine Rolle gespielt (und ich habe bald Zehnjähriges!).

Gute Nacht! Ruth

Hamburg, Samstag, den 22. Januar 1994

Liebe, gutherzige und frauenfreundliche Ruth!
Danke, daß Du so postwendend geantwortet hast. Ich war in den vergangenen Tagen schon wieder arbeitsam auf Reisen (diesmal, Göttin sei Dank, nicht im Zusammenhang mit frauenpolitischen Themen), und deshalb war ich telefonisch nicht erreichbar. Im übrigen gefällt es mir gut, mit Dir zu korrespondieren, und ich schlage vor, diese schöne Sitte zwischen uns zu kultivieren. Was halten Sie davon, Madame?
Mein Zorn über die Bielefelderinnen ist zwar nicht gänzlich weg, aber doch etwas verraucht. Du hast richtig beobachtet: Mein Frust über diese – und andere – Frauengruppen hat etwas mit Enttäuschung zu tun. Es zwingt uns doch wirklich niemand mehr – mit *uns* meine ich die Frauen hier im Lande –, zu heiraten und Kinder zu kriegen! Ach Ruth, es ist so langweilig, daß Frauengruppen immer wieder so etwas Jammeriges oder Konservatives ausstrahlen: die eigene Psyche, die lieben Kleinen, der böse Partner, die Probleme beim Öko-Einkauf, der Frauenarzt-Termin.
Trotz zahlreicher gegenteiliger Erfahrungen warte ich immer noch – heimlicher Wunsch? – auf die sich organisierenden Frauenbanden, die – *gemeinsam sind wir stark* - marodierend durch die Lande ziehen und etwas *verändern!*
Jedoch war ich nie eine fanatische Frauengruppen-Frau. Im Gegenteil, ich habe mich während der vielfachen und eher kläglichen Versuche, an solch kollektiven, schwesterlichen Übungsstunden teilzunehmen, meist unwohl gefühlt. Oft fand ich das Prozedere des Sich-gegenseitig-mögen-Müssens anstrengend und abwegig. Und *sisterhood* war für mich nicht beautiful, sondern praktisch und notwendig für den Ablauf des täglichen Lebens. Besonders, als Vanessa klein war. 1972/73 habe ich – an der Uni – eine wirkliche Frauengruppe erlebt. Wir trafen uns mindestens einmal, meist öfter, in der Woche. Im Prinzip waren wir gleichzeitig die Initiatorinnen des Kinderladens, und es ging sehr schnell um die Frage, inwieweit die Herren revolutionären

Kindsväter sich beteiligen. Und zwar nicht an der Agitation der uns umgebenden Volksmassen – *dieses* taten sie, freiwillig! Nein, unsere Auseinandersetzungen bewegten sich auf der sehr profanen Ebene des Küchen- und Aufräumdienstes im KILA und des häuslichen Windelwechselns bei den Lütten.
Ich erinnere mich dunkel daran, daß ich damals so etwas wie eine Grund-Enttäuschung empfunden habe und genau diese Auseinandersetzungen dazu führten, daß ich auch anderes, was diese linken Politiker zu sagen hatten, etwas mißtrauischer beäugte.
Auf der anderen Seite gab es für uns alle *Wichtigeres* als die eigenen Kinder. Ich meine, mich zu erinnern, daß ich das selbst auch so empfunden habe. – Das hört sich jetzt brutaler an, als es wirklich war, denn immerhin haben wir uns ja – Betonung auf wir! – vehement gegen autoritäres Umgehen mit Kindern gewandt und das auch selbst versucht umzusetzen.
(Ich bin sehr verärgert über diese neue Mode in einigen Zeitungen, auch im *Spiegel*, die heutigen rechtsradikalen Jugendlichen als ein Ergebnis nachgerade unserer marginalen antiautoritären Erziehungsbemühungen zu bezeichnen. – Das ist dermaßen verlogen und frech, daß einer fast die Spucke wegbleibt! Wir waren ja nur wenige, verflucht wenige, und unsere Kinder sind, abgesehen von ein, zwei Ausnahmen, alles andere als rassistisch und gewalttätig eingestellt! Das ist so absurd, daß frau in Höllengelächter ausbrechen könnte, wenn es nicht so eine infame Nachtragshetze wäre. – Und die DDR-Kinder, die heute Skins sind, hatten doch nicht in erster Linie das »Problem«, antiautoritär erzogen worden zu sein, oder?)
Zurück zu den Frauengruppenerfahrungen: Richtig gut fand ich unsere Studentinnengruppe, in der wir einerseits Kindertausch betrieben haben – gegenseitig aufpassen –, andererseits uns bei Prüfungsvorbereitungen und Klausurenabschreiben geholfen und drittens eben auch über »privat« und »politisch« diskutiert haben. Die meisten von uns befanden sich damals gerade in großartigen Beziehungskrisen mit den Vätern der Kinder und waren von heute auf morgen in mehrfacher Hinsicht in

einer völlig anderen Situation als diese, weil wir plötzlich *alleinerziehende Mütter* waren. Das bedeutete damals erstens einen absurden Behördenkampf – es gab noch die Zwangsvormundschaft bei unehelichen Kindern –, und zweitens, daß die meisten von uns neben dem Studium und dem Kind arbeiten gehen mußten, um Geld zum Leben zu haben.
Ich bin 1974 mit Vanessa in die zweite WG meines Lebens gezogen, zusammen mit zwei anderen Frauen und einem weiteren Kind. Und dieses Zusammenwohnen war im Grunde auch so etwas wie eine Frauengruppe. Es entstand automatisch ein »Mütterzentrum« in dieser Wohnung, weil dauernd andere Frauen und vor allem Kinder dort übernachteten, unter- oder bloß zum Teetrinken kamen. Oft waren wir aber auch kinderlos, denn Vanessa und Krischi haben alle naslang bei anderen Leuten geschlafen. Und wir sind später mit oder ohne unsere Brut nach Brokdorf gezogen oder ins Anti-AKW-Dorf nach Gorleben. Das wäre ohne Absprachen und Verbindlichkeiten – unter den Müttern – gar nicht möglich gewesen, genausowenig wie Studium und Job und Kinderladenarbeit gleichzeitig.
Die meisten Väter – Männer grundsätzlich – spielten dabei eine nur untergeordnete Rolle. In Vanessas erster KILA-Gruppe gab es einen einzigen Papa, der sich an allem beteiligte, und der galt als etwas geradezu Exotisches. Die Kinder hatten, das bilde ich mir zumindest ein, keinerlei Schwierigkeiten damit. Sie haben weder die Abwesenheit väterlicher Zuwendung kritisiert noch fanden sie es dramatisch, wenn sie einmal hier und einmal da übernachteten. (Ende der 70er Jahre hatten wir dann im KILA allerdings heftigste Debatten über geschlechtsspezifische Sozialisation, was auch dazu führte, daß wir einen männlichen Erzieher einstellten.)
Vanessa war nie ausschließlich auf mich fixiert, und ich selbst habe das auch nicht als Mangel oder etwas Absonderliches empfunden.
Sie hatte eine lieblose Geburt hinter sich, medikamentös eingeleitet, und die ersten zehn Tage ihres Lebens wurde sie mir nur fünfmal am Tag gebracht. Mir blieb die Milch weg, und ich

habe sie später eher aus Jux und Bequemlichkeit denn aus Einsicht gestillt, denn Stillen galt fast überall – auch in diesem Krankenhaus – als völlig out. Und Vanessas Vater – frau soll nicht über Tote lästern, aber dieser hat's verdient! – entpuppte sich innerhalb von Tagen und angesichts seiner Vaterschaft als hochgradig ungeeignet, mit einem Kind umzugehen, die Bedürfnisse seiner Tochter (schweigen wir von meinen!) auch nur annähernd wahrzunehmen.

Soll ich Dir erzählen, Ruth, was der gebracht hat? Erstens hat er es nicht einmal geschafft, mich zum Kreißsaal zu fahren, als es soweit war, denn er zog es vor, ein Flugblatt zu schreiben, nein, zu diktieren! Am nächsten Morgen, Stunden nachdem ihn der Arzt oder die Hebamme informiert hatten, kam er sturzbetrunken ins Krankenhaus und hatte nicht eine einzige verdammte Blume in der Hand. Und als ich dann mit der Lütten zurückkam – wir wohnten in einer WG mit sieben Leuten –, verzog er sich schlichtweg. Zweimal habe ich ihn, solange wir noch zusammenlebten, auf meine arme Tochter aufpassen lassen. Und er hat es wirklich geschafft, nicht einmal zu bemerken, daß sie sich von oben bis unten vollgekotzt hatte. Gewickelt hat er sie nie in ihrem Leben – auch nicht in seinem. Nie!!!

Ich habe lange gebraucht, um zu realisieren, daß ich leider einen möglicherweise genetisch interessanten, aber fürs praktische Leben augenscheinlich greulichen Kindsvater für meine arme Tochter ausgewählt hatte. Es war nicht lustig. Heute wundere ich mich wirklich über meinen damaligen Kinderwunsch mit diesem Kerl! Da bin ich mir, rückblickend gesehen, selbst fremd. Ich *wollte* schwanger werden – Vanessa ist nicht »passiert« –, aber meine Sehnsüchte und Beweggründe für diese Schwangerschaft kommen mir heute doch abenteuerlich vor. Einiges habe ich sicherlich auch verdrängt. Soweit ich mich aber erinnere, wollte ich ein Kind u.a. aus Übermut und weil ich der festen Überzeugung war, das, was alle schaffen, genauso hinzukriegen. Vermutlich war dies auch ein Wunsch nach Normalität und dem Ausleben von sogenannter »Weiblichkeit«. Zudem war ich in der Studentinnengruppe umgeben von »Genossinnen« mit Kind und fühlte mich als eine der wenigen ohne Kind etwas unvollkommen. Und es hatte durchaus auch einen sexuellen Reiz; etwas drastischer formuliert: eine neue Art des Ficks, eben mit Folgen ...

Erst in den letzten Jahren ist mir in den Sinn gekommen, daß mein damals scheinbar autonom empfundener Kinderwunsch auch viel mit dem Verhältnis zu meiner Mutter zu tun gehabt haben mag. – Aber mit diesem Aspekt meines feministischen Lebens will ich Dich jetzt nicht auch noch behelligen.

Geduldige, frauenfreundliche Ruth und Mutter eines Sohnes! Verrätst Du mir nach diesen umfangreichen Geständnissen gelegentlich, wie *Du* an *Deinen* Ableger geraten bist? Was hat Sie, Verehrteste, dazu bewogen, leiblichen Nachwuchs, und noch dazu einen Knaben, in die Welt zu setzen? Waren es ebenfalls Lust und Tollerei? Wußtest Du, was auf Dich zukommt? Hast Du Rolf geliebt, als Du mit ihm ein Kind machtest? Warst Du gern schwanger?

Verzeihung. Ich bin indiskret. Das liegt daran, daß ich natürlich immer noch über diese Bielefelder Weiber nachdenke. Den Artikel habe ich – unter uns – mit einer etwas faulen Ausrede um vier Wochen geschoben. Mein Interesse galt ja, als ich vor einer guten Woche dorthin fuhr, auch der Langzeitbeobachtung solcher zarten Pflänzchen von verändertem Mütterverhalten. Vermutlich war ich vor zehn Jahren zu unkritisch begeistert von den Statements dieser Frauen, die sich selbst als »Rabenmütter« bezeichneten. Sie redeten von mütterlicher *Selbstbestimmung* und hatten gute Ideen und praktische Vorschläge, diese in die Tat umzusetzen. Und das entsprach zu jener Zeit auch meinen eigenen Bedürfnissen und Erfahrungen. Denn damals hatte ich endlich eine heftige Wut auf Vanessas Vater entwickelt, zumal er es fertigbrachte, immer wieder unangekündigt in unser Leben einzubrechen und Vanessa den Kopf zu verdrehen.

Und zu Beginn der 80er Jahre hatte ich endlich begriffen, daß unser Zufalls-Modell des (Nicht-)Zusammenlebens schrecklich *normal* war, ich also eine typische alleinerziehende Mutter mit Tochter darstellte, die in eine Falle gelaufen war. In jenen Jahren wurde viel über Mädchensozialisation und Mütterpolitik geschrieben und diskutiert, und immer wieder stellte ich fest, daß Vanessa und ich uns allein durchwursteln mußten, während ihr Vater mittlerweile zum Stadtplaner und Alternativ-Projekte-Macher avanciert war, der sich ab und zu mit seiner Tochter schmückte.

Göttin sei Dank war der Kelch der Ehe wenigstens an mir vorbeigegangen. Denn daß es den Ex- oder Noch-Ehefrauen unter meinen Freundinnen nicht gerade besser ging, konnte ich als Dauerzustand beobachten.

Die heutige Reiki-Lehrerin, zum Beispiel, schien mir vor zehn Jahren sehr kämpferisch. Sie hatte drei Töchter, große Schulkinder schon, war zwölf Jahre lang Hausfrau und Mutter gewesen und hatte die Faxen dicke. Bei der Scheidung vom fremdgehenden Gatten hat sie ihm die Kinder »geschenkt«, wollte allerdings weiterhin in Sorgerechtsfragen Einfluß haben und endlich selbst eine Ausbildung machen, studieren. – Eine der Frauen, die nun gerade wieder geheiratet hat, hielt vor zehn Jahren flammende Reden gegen die Ehe bzw. deren Folgen für die Frauen. Soweit ich ihre neuen, ebenfalls flammend vorgetragenen Entschuldigungen für ihre Untat verstanden habe, ist der nun betroffene Gatte aber einfach so wunderbar und zudem noch mit finanziellen Gütern gesegnet, daß sich sozusagen nicht nur die persönliche Situation, sondern zugleich die Weltlage mitverändert hat. »Und außerdem müssen wir ja auch ans Alter denken« ... Ach so!

Diese anmaßende, frischverheiratete Schnepfe – sie ist Dozentin an der Uni – redet außerdem in jedem zweiten Satz von feministischer Analyse, Diskriminierung von Frauen im Hochschulbereich und »gynozentrischer Differenz«. Was sie mir aber aufs Band gesprochen hat, ist schlichtweg bescheuert. Sie vergöttert ihren Sohn. Wenn sie von ihm erzählt, klingt es, als redete sie über eine Pflanze, an der sie rumschnippeln und die sie düngen kann. Sie, versteht sich. Denn es müsse heute als grundlegend vorausgesetzt werden, daß Frauen anders als Männer seien, eine andere *Ethik der Fürsorglichkeit* besäßen und Mutter-

schaft eine einmalige, dem patriarchalen Weltbild entgegengesetzte Angelegenheit sei. Sie lasse sich nicht zu einer *Nichtmutter* domestizieren und halte Beauvoirs Gleichheitskonzept für eine überholte, linkspatriarchale Ideologie ...
Genug jetzt! – Ich habe, fürchte ich, keine Lust, eine solche Geduld wie Du gegenüber den Frauen aufzubringen.
Ruth! – Spinne ich vielleicht? – Ich meine nämlich immer noch, daß es *gerechtfertigt* ist, für Frauenrechte und Gleichberechtigung zu kämpfen, statt zu heiraten. (Obwohl: *Mich* würde ja sowieso keiner mehr *nehmen* mit fast 46 Jahren und erwachsener Tochter ... Meinst Du, ich habe etwas verpaßt?)
Meine Reise gestern und vorgestern hatte übrigens mit NS-Gedenkstätten zu tun und die marginale Rolle, die Frauen in diesem Bereich zugeschrieben wird (nicht etwa als heutige Gedenkstättenmitarbeiterinnen, sondern sowohl als Opfer als auch als Täterinnen im Nationalsozialismus). Demnächst mehr darüber.
Deine Frage, Vanessa betreffend, kann ich leider nicht beantworten, weil die junge Dame, die sich als meine Tochter ausgibt, aus mir unerfindlichen Gründen zur Zeit auf jeglichen Kontakt mit mir verzichtet. Langsam mache ich mir, ehrlich gestanden, wirklich Sorgen – es sind jetzt fast zehn Wochen vergangen, seit sie sich das letzte Mal gemeldet hat.
Was die illustren Persönlichkeiten betrifft, die mit Dir gemeinsam im goldenen Notizbuch der internationalen Frauenbewegung genannt werden sollen: Bei Lady Diana bin ich noch nicht sicher – vielleicht ist das sogar ein utopischer Fehlgriff –, aber bei den drei anderen, der Zetkin, der Smith und der Sand, handelt es sich meines Wissens um Frauen, die trotz ihres Mutterseins Geliebte hatten und diesen bzw. den Vätern die leiblichen Kinder irgendwann überließen. – Das gefällt mir. – Und Du kommst in diese ehrenvolle Liste, weil Du die tapferste und kämpferischste Zweierbeziehungsmama bist, die ich kenne, und die keinen Handschlag *zuviel* in dieser Angelegenheit tut. (Dein Rolf, das gebe ich zu, scheint aber auch ein Juwel zu sein. Soweit ich ihn kenne, hat er einiges kapiert, was die Beziehungen zwischen Frauen und Männern und Kindern betrifft.)

Trotzdem bist *Du* es, liebste Ruth, die die Lorbeeren kriegen soll! Dafür werde ich mich tatkräftig einsetzen, wenn ich als Rentnerin endlich wieder *autonome Frauenpolitik* machen werde und nicht mehr für diese bescheuerte Redaktion arbeiten muß!
Mit diesem Versprechen auf den Lippen und Ihnen, Madame, sehr zugeneigt verbleibe ich Ihre

Vivian

Nachsatz: Nächsten Donnerstag fliege ich für fünf Tage in die USA – wegen einer Konferenz im Rahmen des Familienjahres der Vereinten Nationen.

Und noch einer zu Deinen Ost-Erfahrungen: Mir flatterten gestern Zahlen des Statistischen Bundesamtes auf den Schreibtisch. Danach liegt der Anteil der Abiturientinnen in den neuen Bundesländern fast zehn Prozent höher als bei uns. Und außerdem wird dort ein Anstieg der Vaterschaftsprozesse verzeichnet. – Was schließen wir daraus?

Und ein letzter: Stichwort Mütterzentrum. Ich habe nicht grundsätzlich etwas gegen Treffpunkte für Frauen mit Kindern. Aber die, die ich kenne und besucht habe, hatten meistens etwas sehr Biederes und Obermuttiges an sich. Es drehte sich fast alles nur um die lieben Kleinen. Ich wäre nicht gerne dorthin gegangen, als Vanessa klein war.

Kassel / 1. Februar 1994 / 6.30 Uhr

Liebe Vivian,
dies ist nur ein ganz schneller Gruß an Dich mit der Bitte um sofortigen Anruf, wenn Du aus Ami-Land wiederkommst. Ich schreibe diesen Brief sozusagen »auf Abruf«, ehe meine drei (!!!) Kinder wach werden. Wundere Dich nicht über diese Worte, denn hier ist der Teufel los!

Es begann, nein begonnen hat es wohl früher ... Für mich begann es letzten Donnerstag. Conny, meine Nachbarin aus dem zweiten Stock, rief am späten Abend an und fragte mit etwas gequälter Stimme, ob ich einen Moment Zeit hätte. Hatte ich eigentlich nicht, doch sie sprudelte sofort los und redete irgendwie völlig durcheinander. Ich bin dann zu ihr hinaufgegangen, sie war ziemlich fertig und weinte stundenlang vor sich hin. Zwischendurch erzählte sie, daß sie die Kinder zur Adoption freigeben und in ein anderes Land abhauen wolle, das wäre die einzige legale und moralisch einwandfreie Lösung. Die Alternative seien Mord und Totschlag ... Sie wolle erst den Kindsvater erwürgen, dann die Kinder vergiften und am Ende sich selbst vor einen Zug werfen.

So ging das stundenlang. Ich bin ja ein bißchen darin geübt, was Frauen in verzweifelten Situationen von sich geben. Aber Conny hat mich echt geschafft. Gott sei Dank war Rolf noch da, und wir haben dann nachts, nein, bis morgens, zusammen beraten. Dabei ist (leider?) herausgekommen, daß ich jetzt mindestens vier Wochen lang drei Kinder habe und das weitgehend alleine, also ohne Rolf (denn der ist zwei Wochen nicht zu Hause).

Connys kleine Monster sind drei (Sara) bzw. fünf (Dennis) Jahre alt. Sie selbst ist seit gestern auf Therapie-Kur. Ich war noch am Freitag mit ihr beim Arzt, und es war mir vorher schon klar, daß sie in diesem Zustand sofort von hier weg und Ruhe haben muß. Sie ist völlig zusammengebrochen, und das wirklich Beängstigende war außerdem, daß dies für mich überraschend kam, obwohl wir uns fast täglich zumindest kurz gesehen hatten, auch mal zusammen gekocht haben oder so. Sie ist, das wußte ich nicht, kürzlich wieder schwanger gewesen und hatte eine Fehlgeburt. Doch das ist nicht das, was mich irritiert: Ich habe wirklich bis zu diesem kleinen Drama gedacht, sie sei so eine Art Supermama, wie aus dem Bilderbuch, die nur für ihre Kinder lebt und darin das höchste Glück auf Erden sieht. Manchmal hat sie mir beinahe ein schlechtes Gewissen bereitet, weil sie immer so freundlich mit den Kindern umging und mir vollkommen ausgeglichen und zufrieden schien.

Und nun das. Ausgerechnet jetzt ist Rolf auf seinem Computerseminar, was er auch machen muß und soll. Ich aber bin schon nach dem ersten Tag völlig abgeschlafft, denn drei Kinder sind die *Hölle*! Und Connys zwei, selbst wenn man bedenkt, daß sie etwas durcheinander sind, stellen rund um die Uhr Ansprüche, sie hauen sich und quengeln in einem fort! Und Jan ist sauer, weil sie da sind.
Mist, die Kleine wird gerade wach ...

Am selben Tag, 11.45 Uhr ... Versuch einer Fortsetzung: Niemals im Leben möchte ich Dauermama dreier Kinder sein!
Hier mein weiterer Bericht: Ich habe beim Arzt also spontan zugesagt, diese beiden Conny-Kinder für vier Wochen zu nehmen, und ich bekomme dafür, wenn alles klappt, irgendwann sogar etwas Geld. (Mein offizieller Status ist der einer Haushaltshilfe der familienentlastenden Dienste!)
Conny hatte ihr Einverständnis dafür gegeben, daß Sara und Dennis mit in Jans Kinderladen gehen dürfen. Dies wiederum hat sich auf zwei unterschiedlichen Ebenen als problematisch erwiesen: Die KILA-Gruppe will Dennis, den Fünfjährigen, wegen »Jungsüberschuß« nicht. Und außerdem weigert sich Sara, die Dreijährige, in den KILA zu gehen, obgleich sie es könnte. Ich habe nun Noturlaub im Zentrum beantragt und drehe hier fast durch. Jan ging heute auch nicht in den KILA, weil er eifersüchtig auf die beiden anderen ist.
Liebe Vivian, Dir schreibt gerade eine echte Vollzeitmutter! Ich bin schon jetzt todunglücklich ob meines solidarischen Edelmutes und zähle, wie ein Bundeswehrsoldat, die Tage, bis dieser Zustand ein Ende haben wird. Noch neun Tage, bis Rolf wiederkommt. Noch 23 Tage, bis die leibliche Mutter dieser ungeratenen Kinder zurück ist ...
Sie muß etwas ändern, finde ich. Diese Kids erwarten, daß man aufspringt, ehe sie auch nur einen Ton von sich geben. Ich weiß so wenig über sie, auch über Conny, merke ich, und muß meine Aggressionen bezähmen ...
Ich hoffe, daß ich nicht kurreif bin, wenn diese Zeit vorbei ist.

Diese Kurzen mögen nicht einmal Spaghetti oder Pommes! Auch bemängelten sie, daß ich nicht das richtige Müsli habe ... Und überhaupt: »Mama kann viel besser vorlesen als du!« – »Mama ist viel lieber als du!« – »Mama gibt uns aber Honig *und* Zucker in den Tee!«
Ruf mich bitte an, Vivian! Nein, nein, Du brauchst nicht hierherzukommen, aber Du sollst aus der Ferne beruhigend auf mich einsprechen! Es fehlt mir offensichtlich an mütterlichen Begabungen und überirdischer Kinderliebe. Und es fehlt mir auch irgendwie an verinnerlichter Frauensolidarität, denn im Moment könnte ich Conny in der Luft zerreißen. Ich beneide sie um ihr Müttergenesungsheim-Zimmer. Wahrscheinlich macht sie gymnastische Kreistanz-Spiele und wird in Fango-Packungen gehüllt, während es mit mir in rasender Eile bergab geht, weil mich ihre Blutsauger in den Händen haben ...
Es *ist* verantwortungsvoll, daß ich nicht gleichzeitig zur Arbeit gehe (wie sollte ich auch?), denn ich würde zur Zeit jeder Schwangeren mit unheildrohendem Unterton suggerieren, die Schwangerschaft lieber vorgestern als morgen abzubrechen und jeglichem Kinderwunsch zu entfliehen! Und den Vielfach-Müttern würde ich gnadenlos empfehlen, die nächste Adoptionsberatungsstelle aufzusuchen, um ihre Kinder dort abzugeben ...
Was soll ich diesen widerspenstigen Conny-Kids kochen? Das einzige, worauf ich Lust hätte, sind Berliner mit Senf oder Zeitungspapier darin. Ich bin widerlich, ich weiß.
Jetzt brüllen sie alle. Ruf bitte an! Bis dahin versuche ich, möglichst gelassen zu bleiben.
Liebe Grüße aus der Mutterhölle! Deine Ruth

P.S.: Danke für Deinen superlangen Brief. Ich kann im Moment leider gar nicht darauf eingehen.

Hamburg, Dienstag, den 8. Februar 1994

Liebe, bemitleidenswerte Übermutter Ruth!
Unsere Telefonate haben mich ein bißchen beruhigt, denn nach Deinem Brief spielte ich schon mit dem Gedanken, trotz Terminnot bei Dir in Kassel vorbeizukommen, um Dich vor dieser ausbeuterischen Kinderbande zu retten. Ich habe Lust, Dir ein wenig zu schreiben. Irgendwann wirst Du ja wieder Zeit finden zu antworten, Du armes Muttertierchen!
Das ist – verzeih meine Unverschämtheit – soziologisch und psychologisch fast interessant, Dich, meine Vorzeige-Emanzen-Mutter auf einmal in einer Situation zu wissen, in der auch gute Berufsausbildung, Job, Erfahrung und der netteste Mann der Welt *nichts* mehr nützen. Wer macht die Arbeit? Mutter Ruth. – Wer nimmt unbezahlten Urlaub? Mutter Ruth. – Wer sorgt sich um fremde Kinder und das eigene noch dazu? Mutter Ruth. – Wer ermöglicht der anderen Mama das Ausleben einer Krise? Mutter Ruth. –
Und wo ist der Erzeuger der Conny-Brut? Hat er sich in Luft aufgelöst wie ein Phantom? Und warum ist diesem Arzt nicht eingefallen, Conny zu einer Mutter-und-Kind-Kur zu schikken?
Du bist nicht böse wegen dieser Worte, liebste Freundin? Du weißt ja, daß ich ähnliche Situationen auch erlebt habe, und zudem erkenne ich Deinen Einsatz im Namen von Frauensolidarität hoch an. Es ist nur auf gewisse Weise makaber und von hohem Symbolgehalt: Ich komme also von einer Fachtagung US-amerikanischer Feministinnen über Karrieremütter zurück und entdecke meine liebste neue Freundin in den Urwaldsümpfen niederster Familienarbeit versunken, ohne einen Rolf an der Seite und mit einem waghalsigen Finanzkonzept im Hintergrund …
Es hat mir in Washington gut gefallen, das sagte ich schon am Telefon. Von der Stadt habe ich zwar kaum etwas mitbekommen (außer einem wirklich luxuriösen Hotel), dafür um so mehr von der Diskussion der Amerikanerinnen um Quotenre-

gelungen sowie bevölkerungspolitische Konzepte der UN. Die Frauen gehen anders, vielleicht auch pragmatischer, mit den Problemen um.
Im übrigen waren die Rahmenbedingungen der Tagung, verglichen mit hiesigen Veranstaltungen, schier traumhaft, von der Hotelunterkunft bis zu den Konferenzräumen – von den klugen Referentinnenbeiträgen ganz abgesehen. (Ich lobe mir die Finanzierung derartiger Ereignisse durch Foundations und Lobby-Politik, statt dieser uns bekannten, pingeligen Gratwanderungen zwischen ABM- und Parteienstiftungsfinanzierungen!)
Ich habe wirklich viel gelernt über die Situation in den USA und anderswo, über neue Sozialisationsforschungen und psychoanalytische Ansätze, nicht zu vergessen die Erkenntnisse der »freien« Wirtschaft bezüglich weiblichen und männlichen »Normalverhaltens« oder der Vorzüge weiblicher Manager ...
In den USA sind immerhin acht Prozent der Spitzenpositionen in Aufsichtsräten und Politik in Frauenhand – der weltweite Durchschnitt liegt bei unter einem Prozent. (Ich wüßte gern, wie das bei uns verteilt ist!)
Und doch war diese Tagung ein Traum, wenngleich ein für mich angenehmer. Ich hatte allerdings permanent ein unklar skeptisches Gefühl, nicht zuletzt, weil nur wenige schwarze Frauen unter den Teilnehmerinnen waren.
Wußtest Du, daß es in den USA ein familienpolitisches Konzept gibt, das Sozialhilfeempfängerinnen und schwarzen Frauen kostenlos, teilweise mit mehr oder weniger sanftem Druck, Verhütungsmittel andient? Und 71 Prozent der erwerbstätigen Frauen in – schlechtbezahlten – Dienstleistungsberufen arbeiten? Und 22 Prozent der weißen Frauen, aber 70 Prozent der schwarzen Frauen, nichteheliche Kinder haben?
Diese USA-Frauen, von denen nicht wenige sehr sympathisch und klug auftraten, schienen ein wirkliches Interesse zu haben, nicht nur für sich selbst, sondern auch für andere Frauen etwas zu verändern. Die, die ich während der Tagung erlebte, gehen anders mit dem Thema um als unsere »Mütterpolitikerinnen«, sie sind weit entfernt von jeglicher Blut-und-Boden-Romantik.

Sie reden bei solchen Versammlungen nicht über ihr ach so schlechtes Gewissen am letzten Donnerstagabend, sondern über neue Thesen der feministischen Psychoanalyse zum Thema Kleinfamilie. Das ist sehr befreiend. – Und doch hatte die Debatte etwas Privilegiertes, fast Weltfremdes, was von den meisten der anwesenden schwarzen Frauen, aber auch einigen der weißen, heftig problematisiert wurde. Die Vereinbarkeit von Mutterschaft und Karriere ist ja nur für einen verschwindend kleinen Bruchteil der Frauen von irgendeiner praktischen Bedeutung ...

Meine diffuse Skepsis – noch im Flieger unausgegoren in meinem Kopf – wurde zur Klarheit, als ich, wieder zu Hause, Deinen Brief vorfand: Das phantastische Lügengebilde unter Müttern, ob es diese Amerikanerinnen betrifft oder Deine Conny, besteht meiner Ansicht nach darin, daß wir Frauen uns immer wieder in einer Art von Konkurrenzdruck wiederfinden und über vieles nicht gesprochen wird. Als ich Deinen Brief las, dachte ich: Ja, und was ist in der Not? Ich hoffe und fürchte gleichzeitig, daß ein Großteil der Tagungsteilnehmerinnen in Washington genau diese Situationen auch kennt und sich dementsprechend verhält (oder sie haben ihre Dienstboten, was ja auch fragwürdig ist). Aber grundsätzlich ist es doch so: Das machen wir *nebenbei*, diese Krisenbewältigungen, neben dem Beruf und auch noch neben der Karriere! – Schwesternsolidarität, anderer Leute Kinder hüten, andere trösten, pflegen und wieder aufbauen ...

Ich würde gerne im Oktober an einer weiteren Konferenz teilnehmen, deren Ankündigung mir sehr spannend vorkommt (eine internationale Tagung berufstätiger Frauen) und die verlockenderweise in Venezuela (Caracas) stattfindet. Diese Reise werde ich morgen bei der Redaktion beantragen, doch ich fürchte, *man* wird dem nicht sehr aufgeschlossen gegenüberstehen. Einmal im Jahr eine Reportage über Beruf und Familie – das reicht doch! (Es geht nicht um die Kosten – Du mußt wissen, daß meine männlichen Kollegen fast ununterbrochen reisen!)

Ich umarme Dich, liebe Kasseler Dreifach-Mutter – übermorgen telefonieren wir wieder!

Vivian

Nachsatz: Setze den gefräßigen, mäkeligen Kleinen grünen Salat mit Sprossen und Reis und Ketchup vor und behaupte, es handele sich um eine beliebte Dinosaurierspeise!

Hamburg, Aschermittwoch (!!!), den 16. Februar 1994

Liebste Ruth!
Wo bist Du, wo seid Ihr, Du, Rolf und Deine drei leiblichen resp. Hilfskinder??? Ruf mich bitte, bitte, bitte an, sobald Ihr nach Hause kommt! Hier ist ein *Notfall* ausgebrochen, ein zukünftiger: *Vanessa ist schwanger!*
Das war also der Grund, weshalb sie sich wochenlang nicht mehr bei mir gemeldet hat. Typisch gutes Verhältnis zwischen Mutter und Tochter, oder?
Ich bin entsetzt. Ich kann nicht ernsthaft mit ihr darüber reden. Sie ist, sagt sie, entschlossen, ein Kind zu kriegen, und habe die Entscheidung allein treffen wollen, also ohne mich. Nun gut, sie ist juristisch gesehen alt genug dafür. Scheiße! Ich bin gespalten, traurig, in Sorge und zugleich böse. Zu allem Überfluß will sie ihr Studium nicht nur unterbrechen, sondern hält es geradezu für belanglos, sich damit abzugeben, verglichen mit ihrer werdenden Mutterschaft. Stell Dir vor: *Meine* vielversprechende, hochintelligente Tochter will *heiraten* und plant ein zumindest vorübergehendes Hausfrauendasein! »Ein Baby braucht ein Nest und eine Mutter«, erklärte mir dieses junge Weib heute mit süffisantem Unterton. Und: »Schließlich hast du mit 23 auch ein Kind bekommen!« – Ich: »Aber ich habe deshalb nicht mein Studium abgebrochen!« – Sie: »Du hattest dir ja bekanntlich auch nicht gerade einen idealen Vater für mich ausgesucht!«

Ich brauche eine ausführliche Beratung und mehrere Cognacs. Gerührt bin ich auch, aber eher aus Sorge. Bietest Du auch Beratung für werdende Großmütter an? – Bitte, bitte ruf an, ich möchte Dich gerne sprechen, komme auch zu Euch nach Kassel, wenn es sein muß. Ich bin völlig durcheinander. Warum muß mir so etwas Klassisches passieren?

Vivian

Kassel / 8. März 1994 / nachmittags

Liebe Vivian!
Ich wünsche Dir einen wunderschönen Frauentag!
Es wird ja nun der letzte sein, den Du als Nicht-Großmutter verbringst!
Sei tapfer! Es wird sich schon alles einrenken. Und ich denke, daß Vanessa, wenn das Baby erst mal da ist, es sich vielleicht noch einmal überlegt, was ihr Studium angeht.
Ich weiß, das ist kein wahrer Trost für Dich. Doch ich glaube nicht, daß Du Dir Vorwürfe machen mußt. *Du* hast überhaupt keine Schuld. Und es liegt schon gar nicht an Dir, Du »Rabenmutter«, wenn *sie* Lust hat, ein Kind zu bekommen! Ich habe Dir ja schon am Telefon gesagt, daß die Fachleute heute dazu eher Widersprüchliches von sich geben. Kinderwunsch birgt so viele verschiedene Aspekte, daß die Entscheidung für oder gegen eigene Kinder kaum gradlinig und ausschließlich auf individuelle Kindheitsmacken zurückzuführen ist. (Das Buch, von dem ich Dir erzählte, habe ich nun wiedergefunden. Es heißt »Mit einem Kind habe ich nicht gerechnet. Männer und Schwangerschaft«. Autorin ist Helgard Roeder. Sie behandelt darin nicht nur den männlichen, sondern auch den weiblichen Kinderwunsch und liefert eine aktuellere Studie über Eltern in Deutschland, es liest sich allerdings wie eine Doktorarbeit. Trotzdem finde ich es sehr interessant.)

Sieh zu, daß Ihr beide wieder ein entspannteres Verhältnis zustande bringt, wenigstens bis das Kind da ist. Ich glaube, da mußt *Du* jetzt den ersten Schritt machen, auch wenn es Dir schwerfällt, denn Vanessa ist stolz (das hat sie von Dir!) und braucht vielleicht doch Hilfe.
Oh, es ist so schön, daß ich hier alleine sitze und wieder Briefe schreiben kann. Die vergangenen Wochen haben mich sehr angestrengt. Ich schwöre Dir: Drei Kinder in diesem geringen Altersabstand in einer Stadtwohnung sind eine Prüfung fürs Leben! Und auch mit Rolf zusammen fand ich es manchmal kaum erträglich, immer parat sein zu müssen ... Connys Kinder haben Rolf gar nicht richtig akzeptiert, und ich bin mir nicht ganz sicher, ob es daran lag, daß er sich distanzierter als sonst Kindern gegenüber verhalten hat. Oder ob die beiden es einfach nicht kennen, daß ein Mann vorlesen, schmusen und des Nachts Tee heranschleppen kann? Sie haben immer nur *mich* gefragt und gefordert. Und dementsprechend schwierig war es, glaube ich, für Jan, für den die Situation rundherum ungewohnt war. Er hat sich mehrfach darüber beschwert, daß ich für ihn gar keine Zeit mehr hätte.
Im Sommer kommt mein großer Sohn ja nun in die Schule. Ich kann mir das noch gar nicht so recht vorstellen. Wie alle Kinder freut er sich tierisch darauf, und er tut mir deshalb fast ein bißchen leid. Wir haben ihn hier in der Nähe an einer ganz normalen Grundschule angemeldet ... mit zugegeben etwas bangen Gefühlen. Aber er muß ja in den nächsten Jahren neue Freunde finden, auch in der Nachbarschaft. Und wir hoffen sehr, daß es noch andere Eltern geben wird, die wie wir Interesse an einer arbeitsteiligen Nachmittagsversorgung der Kinder haben. Der Kinderladen ist dann ja passé. Ich bin froh, daß Rolf mit seiner Arbeiterei zu Hause etwas flexibler ist als ich, sonst bekämen wir ab August Probleme, Jan unterzubringen. Ein »Schlüsselkind« soll er ja nun auch nicht werden. Oft ist er noch ganz schön klein und anhänglich, mein »Stammhalterchen«. Gestern abend zeigte er intensivste Schmusebedürfnisse, und ich hatte den Eindruck, er ist immer noch etwas verunsichert durch die

Zeit mit den beiden Kids von Conny. Es war ja auch für ihn nicht leicht ...

Weißt Du, Vivian, je mehr ich über Vanessa, ihre Schwangerschaft und Dich nachdenke, desto weniger dramatisch finde ich das Ganze eigentlich. Ich teile zwar Deine Sorgen in bezug auf ihre Ausbildung (gibt es bei Euch denn keine Kinderkrippe für Studentinnen? – So etwas haben wir ja sogar in Kassel!), aber ein Kind zu bekommen ist ja nichts wirklich Schlimmes. Und daß in diesem Zusammenhang nicht immer alles nach Plan läuft, kann ich Dir guten Gewissens mit Hinweis auf meine Beratungen schwören. Man geht davon aus, daß etwa Dreiviertel aller Kinder (in Deutschland) »ungeplant« zur Welt kommen. Nicht ungewünscht, aber eben auch nicht aufgrund ausgefeilter Zeitplanung und Absprache zwischen den Partnern.

Ich erlebe gerade bei einer Kollegin, wie schwierig auch dann alles sein kann, wenn die Schwangerschaft »nach Plan« abläuft. Bianca ist eine moderne Bilderbuchfrau, 32, also so alt wie ich, und erwartet im Juli ihr von langer Hand angepeiltes Wunschkind. Sie hat, mit ihrem Ehemann zusammen, ein Haus gebaut – ja, sie ist verheiratet! Und sie haben sogar etwas Geld auf der hohen Kante. Und *natürlich* hat sie eine gute Ausbildung und Berufspraxis (als Psychologin). Nun hat ihr der Frauenarzt gesagt, sie sei schon recht alt und Risikogebärende – und prompt stellten sich Komplikationen ein. Bianca hat furchtbare Angst, daß das Kind behindert sein könnte, und macht sich verrückt damit. Mein Eindruck ist auch, daß dieser Frauenarzt ihre Ängste bestätigte, statt sie zu beruhigen. Aber auch das unauffällige Ergebnis der Untersuchungen hat ihr die Panik nicht nehmen können, und sie ist alles andere als eine glückliche »werdende Mutter«. (In ihrer Familie gab es irgendwann einmal eine geistig behinderte Tante.) Zudem kriselt es auf einmal in der Beziehung. Bianca ist jedenfalls mit den Nerven ziemlich am Ende und arbeitet kaum noch im Zentrum. Und sie wäre zur Zeit tatsächlich keine große Hilfe, denn ihre Ängste und ihre Nervosität sind kaum erträglich.

Was Du im Januar über Deinen früheren Kinderwunsch ge-

schrieben hast, hat mich amüsiert, besonders das Stichwort »abenteuerlich«. Vanessa ist also ein Abenteuer?
In der Beratung gehört das ja mit zu den schwierigeren Fragen (auch unter uns Mitarbeiterinnen), weil die Meinungen über die Hintergründe von Kinderwünschen deutlich auseinandergehen. Auch die über »gute Mütter« übrigens.
Und wir kennen ja die Frauen, die in die Sprechstunde kommen, nicht wirklich. Manchmal sind sie ziemlich verunsichert, halb wollen sie abtreiben, halb wollen sie schwanger bleiben. Es ist oft schwer, darüber zu reden, was sich hinter dem halben oder ganzen Wunsch nach Schwangerschaft oder einem Kind verbirgt. Ich finde ja, daß es nützlich wäre, sich schon *vor* Eintritt der Schwangerschaft damit auseinanderzusetzen. Aber wie? Ob das im Schulunterricht geleistet werden könnte, ist zu bezweifeln.
Bei mir, also die Existenz meines schönen Söhnchens betreffend, war es, ehrlich gesagt auch so eine Halbe-Halbe-Entscheidung: Ich wollte und ich wollte nicht. Gleichzeitig. Und es hat, glaube ich rückblickend, viel ausgemacht, daß es mir gerade recht gut ging, die Arbeit im Zentrum vorankam, es genug Stellen gab – und vor allem Rolf nett und bezaubernd reagiert hat. Jan war nicht geplant, sondern ist ein klassisches »Verhütungskind«. (Ob ich ihm das später mal erzählen werde? Ich weiß nicht. Zumal sehr widerstreitende Ansichten über heimlichen Kinderwunsch und versteckte Verhütungsfehler kursieren ...)
Wenn ich es aber *gar kein kleines bißchen* gewollt hätte, wäre ich dann während des Eisprungs überhaupt mit Rolf ins Bett gegangen? Und hätte ich nicht sofort in Panik ausbrechen müssen, als wir bemerkten, daß das Verhüterli abgerutscht war? Ich fand es eher lustig.
Ich war sehr gern schwanger, und ich bin heute froh, daß es Jan gibt. Als die Entscheidung für die Schwangerschaft gefallen war, hatte ich keinen Zweifel mehr. Nicht eine Spur! In dieser Hinsicht bin ich aber vielleicht untypisch. Denn wenn ich mir meine Frauen in den Beratungsstunden anschaue, haben viele während der halben Schwangerschaft mit widersprüchlichen

Gefühlen zu kämpfen. Aber wahrscheinlich kommen ja auch nur diejenigen in die Schwangerensprechstunde, die über Probleme reden wollen …
Rolf und Jan sind wieder aufs Land gefahren. Erst war ich von dieser Idee nicht so begeistert, weil ich Jan gegenüber ein schlechtes Gewissen habe. Jetzt finde ich es aber so genau richtig und freue mich auf heute abend, wenn die beiden wiederkommen. Es geht doch nichts über eine einsame Badewannenorgie und einen Nachmittag zum Briefeschreiben und zum Rumpuzzeln auf dem Balkon! Keine Kinder im Hause! (Ich glaube, ich bin eine miserable Mutter!)
Ich habe außerdem auch keinerlei Schuldgefühle, weil ich den heutigen »Frauenstreiktag« ignoriere: Erstens koche ich heute nicht, zweitens mache ich das sowieso fast nie, und drittens tue ich genug für das Glück der Frauen, fast jeden Tag im Jahr. Im übrigen weißt Du ja, daß ich mich auf dem Frauenstreik-Treffen am 13. November letzten Jahres hier in Kassel nicht sehr wohl gefühlt habe. Solche Großversammlungen liegen mir nicht. (Und das Beste im Zusammenhang mit Frauenstreik ist für mich immer noch, daß ich Dich kennengelernt habe. Ich glaube, ich bin auch eine miserable Feministin!)

Liebe Grüße an Dich (und Vanessa, falls Du sie sprichst oder siehst!) von Deiner Ruth

Hamburg, Dienstag, den 15. März 1994

Liebste Kasseler Freundin, die an alle wichtigen Daten denkt!
Schande komme über mich, weil ich Dir nicht zum Internationalen Frauentag gratuliert habe! Das ist eine schöne Sitte, doch leider bin ich vergeßlich. Meine einzige Entschuldigung ist, daß wir von morgens bis abends hier in Hamburg auf dem Rathausmarkt und auch schon am Abend vorher beim letzten Vorbereitungstreffen für den Streiktag gedreht haben. Ich muß gestehen,

ich fand den Ablauf der Hamburger Veranstaltung etwas dröge, und auch die Flugblätter reißen mich nicht vom Hocker (»Wir wollen unsere Zeit zurück! Frauen erheben Anklage!« – »Frauen zeigen sich am 8. März im Stadtteil Altona«). Die Versammlungen auf dem Rathausmarkt fand ich auch langweilig. Immerhin haben wir aber ein paar nette Statements mit Gewerkschaftsvertreterinnen im Kasten sowie eines mit einer frauenpolitischen Sprecherin der GRÜNEN, die zwei Kinder hat, wovon eines schwerbehindert ist. Wenn diese Frauen einzeln sprechen und argumentieren, sind sie gar nicht so schlecht ...
Mir ist bei diesen Frauenstreik-Diskussionen nicht klar, ob es sich um eine positive Entwicklung oder einen Rückschritt handelt. Einerseits empfinde ich die Anwesenheit gestandener Gewerkschaftsfrauen als erfrischend, denn sie haben Fachkompetenz in ökonomischen Angelegenheiten und was die Situation der erwerbstätigen Frauen angeht. Andererseits bleibt in diesen Debatten oft nichts mehr übrig von *grundsätzlicheren* Forderungen und Utopien. Es ging hier in Hamburg um Teilhabe, Quotierung und Antidiskriminierung, verwoben mit den unterschiedlichsten Vorstellungen über Frausein an sich und gesellschaftliche, politische Perspektiven. Doch selbst davon war in den öffentlichen Aufrufen kaum noch etwas zu lesen. »Frauen versuchen, ein schönes Privatleben und Erwerbsarbeit, Freunde, Familie und Beruf unter einen Hut zu bringen ...«, schreibt die DAG.
Wollen Männer das nicht? Gefordert wird »Selbstbestimmung über unsere Zeit« – für mich eine merkwürdige Anwendung des Selbstbestimmungsbegriffes. – Sehr vielfältig, sehr ominös, diese Frauen ...
Danke für Deinen langen Brief, liebe Ruth.
Das Wichtigste: Vanessas Entscheidung ist unverändert. Nächsten Monat – am 22. April anno 1994 um 10.30 Uhr – wird sie diesen jungen Mann, der ihr den Kopf verdreht, heiraten. Wenigstens nicht kirchlich! – Was ziehen ältere, feministische Fast-Großmütter auf der verabscheuungswürdigen Hochzeit ihrer einzigen Tochter heutzutage an? Willst Du nicht kommen und

mir tröstend die Hand halten? – Du merkst, ich übe mich in Galgenhumor und versuche, mich den Gegebenheiten anzupassen. Der Knabe und werdende Kindsvater ist im übrigen durchaus passabel und auf den ersten Blick mit einem freundlichen Charakter ausgestattet. *Er hat* zumindest seine Ausbildung beendet und sogar einen gutbezahlten Job im Flughafen ... leider nur in der EDV – also gibt es keine Billigtickets! Und eine Wohnung haben sie auch bereits gefunden – im Grünen draußen vor der Stadt!

Ach, Ruth, es ist gräßlich! Meine Tochter wird demnächst mutterseelenallein mit Baby in einem Vorort leben! Ich meine, daß das hochgradig dumme Entscheidungen sind. Oder bin ich eifersüchtig?

Ich habe viele Nachfragen zu Deinem letzten Brief: Im Zusammenhang mit Deiner Kollegin Bianca berichtest Du von einer Untersuchung und der frauenärztlichen Einschätzung, daß sie mit 32 Jahren eine Spätgebärende sei. Wird das heute tatsächlich so beurteilt? Handelt es sich um eine Pränataluntersuchung? Und wie verhaltet Ihr Euch im Zentrum gegenüber solchen Entscheidungen, Beratungen und Eingriffen?

Ich sage Dir gleich: Ich bin, soweit ich das Thema überblicke, völlig dagegen und halte die moderne Entwicklung in der Humangenetik und Schwangeren»vorsorge« für eine frauenfeindliche und gefährliche Sackgasse.

Hier in Hamburg gibt es schon lange humangenetische Beratungsstellen – seit mehr als zehn Jahren. Eine der ersten, damals der Gesundheitsbehörde unterstellten, sorgte immer wieder für Skandale – und Kritik. Mitte der 80er Jahre wurden dort Akten entwendet und der Presse zur Verfügung gestellt. Daraus ging hervor, daß die Umgangsweise der Beraterinnen – vor allem der Chefin (!) Marianne Stoeckenius – rassistisch und mit Vorurteilen beladen war. Das verursachte damals viel Wirbel, und auch die Presse reagierte zum Teil mit Skepsis auf die Erstellung von Patientinnen-»Stammbäumen«.

Hast Du vielleicht einen Onkel, der sich umgebracht hat, oder einen Fall von Behinderung in Deiner Verwandtschaft? Dann hüte Dich vor derartigen Fragebögen, denn die wirst Du – und auch Jan – nicht mehr los. Und Deine arme Kollegin wird dieser Kartei auch nicht mehr entkommen. – Was Du von ihren Erfahrungen erzählst, entspricht dem, was eine meiner Nachbarinnen vor einem guten Jahr erlebt hat. Sie war 36 Jahre alt, als sie schwanger wurde, und ihr Frauenarzt hat sie mit den unglaublichsten Horrorszenarios zur Amniozentese geradezu gedrängt. Sie war damals schon in der 17. oder 18. Schwangerschaftswoche und völlig durcheinander, mußte wochenlang auf ein Ergebnis warten, und die Untersuchung mußte zu allem Überfluß wiederholt werden. Sie war fest entschlossen, nicht abzutreiben, selbst wenn der Befund auffällig gewesen ware. Nach Wochen voller Tränen und Zaudern hat sie dann den Frauenarzt gewechselt.

Nun sind sicher nicht alle Ärzte so wie dieser und der Deiner Kollegin. Doch ich meine, daß Schwangere heute sehr vorsichtig sein müssen hinsichtlich solcher Untersuchungsmethoden. Es wird viel an ihnen rumgeforscht und so getan, als könne die Frau ohne ärztlichen Beistand kein Kind austragen. Meiner Meinung nach ist auch gegenüber humangenetischer Beratung und Forschung Skepsis angebracht. Soll ich Dir verraten, wie Du in einem solchen Stammbaum aussehen würdest? »♀s« bedeutet: nicht verheiratete Frau, das »s« steht nämlich für single. Und wenn Du ordnungsgemäß Auskunft gibst, dann lebst Du mit Rolf »♂s« in einer nichtehelichen Verbindung – dafür gibt es ein besonderes Zeichen in Abgrenzung zur Ehe. – Doch Spaß beiseite. Es ist doch erstaunlich, daß für die Gene von ausschlaggebender Bedeutung sein soll, ob jemand verheiratet ist oder nicht …

Ich bin seit vielen Jahren mit einer Frau befreundet, die in der »Krüppelbewegung« aktiv mitmischt. Das hat mich sicherlich für diese Themen sensibilisiert – auch dafür, die gesellschaftlichen Folgen und die Perspektive der behinderten Leute einzubeziehen. Meiner Überzeugung nach ist diese Aussortiererei, zum Beispiel beim Paragraphen 218 und in der heutigen humangenetischen Begleitung von Schwangerschaften auf angeblich freiwilliger Ebene, zum Kotzen und gar nicht so weit von dem

Menschenbild entfernt, das die Nationalsozialisten verbreitet haben. Ich glaube auch nicht, daß es den *Frauen* wirklich nützt, denn wie auch bei Deiner Kollegin wird die Angst der Frauen eher größer. Und das ist bestimmt weder für die Frau noch für den Fetus resp. das Kind angenehm. Vor allem aber empfinde ich es schlichtweg als unmoralisch und fragwürdig, wenn wie im alten und neuen Paragraphen 218 Unterschiede gemacht werden zwischen Behinderten und Nichtbehinderten. Oder wie in Indien und Südasien zwischen weiblichen und männlichen Feten. In derartigen Fällen hat das »Selbstbestimmungs«verlangen der Frauen seine Grenzen, dann nämlich, wenn sie sich eugenisch und rassistisch verhalten. Vielleicht bin ich ungerecht, aber ich kann gut nachvollziehen, daß die Betroffenen in Behindertenorganisationen vorgeburtliches Screening als Angriff auf ihr eigenes Leben verstehen.

Du kennst diese Diskussion sicher. Es gab vor einigen Jahren viel Aufsehen um diesen australischen »Bio-Ethiker« namens Singer, der u. a. forderte, daß schwerbehinderte Säuglinge gleich nach der Geburt umgebracht werden sollen. Es hat dagegen erheblichen Protest gegeben, doch ich fürchte, viel genützt hat es nicht. Das Perfide an Singer und auch an der heutigen Pränatal»diagnostik« ist ja, daß von *Glück* gesprochen wird und von *Diagnostik* – es in Wahrheit aber um vor- oder nachgeburtliche Tötung geht.

Ich bin davon überzeugt, daß all diese modernen Ethikvorstellungen, auch über »Sterbehilfe«, in unserer Gesellschaft dazu dienen, »Anderssein« immer schwieriger zu machen. Es sind Versuche, *lebenswert* neu zu definieren. Mit Moral zu argumentieren ist problematisch, ich weiß. Aber es muß doch auch so etwas wie eine *feministische Moral* geben?

Ich meine, daß Ihr in den Familienplanungszentren in diesem Zusammenhang eine große Verantwortung tragt. Ihr dürft das nicht unterstützen, auch nicht indirekt – auf keinen Fall! Wenn es denn eine Lösung gibt, liegt sie vielmehr darin, daß behinderte und kranke Leute – und auch deren Mütter! – mehr Unterstützung erhalten.

Nun habe ich mich richtiggehend agitatorisch ausgelassen. Sorry! – Laß uns darüber bei Gelegenheit ausführlicher reden, ja? Ich habe zu dem Thema allerhand Recherche-Materialien, die muß ich aber erst rauskramen. Kennst Du das Buch »Gläserne Gebär-Mütter« von Eva Schindele? Das wäre vielleicht auch etwas für Deine Kollegin …

Vivian

Nachsatz: Kommst Du zu Vanessas Hochzeitsfeier? Ich halte mir das Wochenende frei, wenn Du Dich aufraffen könntest, mir tröstlich beiseite zu stehen.
Kannst Du mir irgendein nettes Buch empfehlen, das ich meiner mutterwerdenden Tochter schenken könnte? In meinem Bücherschrank findet sich zwar einiges, doch das ist alles veraltet und entweder für erdverbundene Übermütter verfaßt oder es gehört in die Sparte der antimütterlichen Hetzliteratur.

Kassel / 23. Mai 1994 / 22.00 Uhr

Liebe Vivian,
dies wird nur ein klitzekleiner Pfingstgruß vor dem Urlaub. Die Koffer sind schon gepackt, und morgen früh düsen wir ab. Ich freue mich ehrlich, hier mal wieder rauszukommen!
Die Zeit vergeht so schnell. Es kommt mir vor, als sei ich gestern bei Dir in Hamburg gewesen, und dabei ist es schon nahezu vier Wochen her … So eine Hochzeit ist schon eine merkwürdige Angelegenheit, und trotzdem rühren mich solche Situationen immer ein wenig. Ich kann mir gar nicht vorstellen, daß auch Jan mal solche Dinge tun wird wie Kinder in die Welt setzen oder heiraten …
Aber ich finde (dies sagte ich Dir ja schon), daß Vanessa eine schöne Tochter und auch eine schöne Schwangere ist. Und soweit ich sie verstanden habe, plant sie nicht unbedingt, nun ihr

weiteres Leben als »Hausfrau« zu fristen. Meinst Du nicht auch, daß ihre aktuelle Entscheidung gegen das Studium etwas damit zu tun hat, daß sie mit ihren Fächern nicht besonders glücklich war? Und daß sie ein wenig Ruhe braucht? Vielleicht überlegt sie es sich ja noch, wenn das Kind geboren ist.
Liebe Vivian, ich will Dir noch einmal sagen, wie wichtig und angenehm es mir war, mit Dir über diese Ethikfragen zu reden. Vielleicht stimmt es wirklich, daß ich zu sehr die *einzelne* Frau und deren Wünsche in Betracht ziehe und zu wenig die gesellschaftliche Bedeutung solcher Entscheidungen. Jedenfalls ist mir das nicht mehr aus meinen Gedanken gegangen. Kann es eine »freiwillige« Eugenik geben? Und wo verläuft die Grenze zwischen dem Wunsch nach einem gesunden Kind und dem »Recht« der Frau, ein voraussichtlich geschädigtes Baby abzutreiben?
Bei Gelegenheit würde ich gern mehr über den alternativen Ansatz dieser Bremerinnen erfahren, von denen Du erzählt hast. Ich stoße inzwischen beinahe täglich auf Probleme im Zentrum oder wenigstens in Zeitschriftenartikeln, die das Thema berühren. Vielleicht ist es aber gar nicht mehr geworden, sondern ich bin nur aufmerksamer als früher? Wir haben übrigens vor einigen Tagen im Zentrum beschlossen, diesen Herbst eine Fortbildung zu organisieren, bei der wir über eugenische Indikation im weitesten Sinne diskutieren werden.
Jetzt aber fahre bzw. fliege ich gemeinsam mit meinen beiden Männern in meinen wohlverdienten Jahresurlaub. Wir haben nur für die ersten vier Tage ein Zimmer gebucht, in Chania, Empfehlung eines Freundes von Rolf. Dann fahren wir, wie geplant, herum und schauen uns die Insel an. Und ich hoffe, daß es im Anschluß an das Drei-Bett-Zimmer in Chania auch mal zwei Zimmer oder eine Ferienwohnung sein werden, denn ich will mit meinem Rolf auch einmal ausprobieren, wie sich das Klima von Kreta auf Sexualität und erotische Anziehungskraft eines langgedienten Liebespaares auswirkt ... Und mit Jan im Zimmer ist das nix, jedenfalls nicht für mich. (Als er ein Baby war, hat es mir nichts ausgemacht. Aber das ist ja lange her.

Und ich bin, mit Ausnahme dieses Punktes, froh, daß er kein Baby mehr ist!) Verreisen ohne Kuscheltierzoo, Windelpakete und Nuckelflaschen ist wunderbar! Und die Aussicht auf Sonne und Wochen ohne ratsuchende Frauen ist noch besser!
In vier Wochen bin ich wieder zurück, hoffentlich braungebrannt und ausgiebig erholt. Ich schreibe Dir, das verspreche ich, ein Kärtchen. Und Vanessa auch. Wenn ich wiederkomme, wird sie ja bereits kugelrund sein.

Bis dann! Und arbeite nicht soviel! Deine Ruth

Kreta / Chóra Sfakion / 12. Juni 1994 / 14.00 Uhr

Liebste Vivian!
Es ist wunderbar hier, nur Jan ist nicht zufrieden. Ich sitze im künstlichen Schatten eines aufgespannten Badelakens auf dem Balkon unseres Hotelzimmers und blicke auf ein tiefblaues, weites Meer. Leider gibt es keinen Kinderstrand hier, deshalb werden wir wohl morgen einen anderen Ort aufsuchen müssen … Immer diese Kinder-Ansprüche! Rolf verteidigt die Rechte seines Sohnes, und da ich als Frau in dieser Dreieckskonstellation in der Minderheit bin, muß ich wohl nachgeben.

Im Moment wäre ich gerne mit *Dir* hier. Einen sonnigen Gruß von Deiner Ruth

Kassel / 27. Juni 1994 / 22.15 Uhr

Liebe Vivian,
ich fürchte, Du erhältst mit diesem Brief einen depressiven Stimmungsbericht über einen typischen Kleinfamilienurlaub im sonnigen Süden …

Ich weiß auch nicht so recht, was ich davon halten soll, aber eines ist gewiß: ich bin nicht erholt und ausgeglichen, sondern eher froh, daß wir wieder hier sind. Und ich bin außerdem ziemlich genervt von meinen beiden Männern.
Dabei ärgert es mich, daß wir einerseits so viel Geld ausgegeben haben (und mein Jahresurlaub futsch ist), andererseits uns aber während dieser Tage dermaßen auf die Nerven gegangen sind, daß man fast schon von einem Gewöhnungsprozeß sprechen muß. Ich kann mir zwar einige Ursachen erklären, bin aber trotzdem traurig und irgendwie enttäuscht.
Unsere Ansprüche an diesen Urlaub waren wohl von vornherein recht unterschiedlich, um nicht zu sagen inkompatibel: Rolf dachte an einen, von abenteuerlichen Betätigungen unterbrochenen, anregenden Schreib-Urlaub, ich hingegen an Faulsein in der Sonne, Spazierengehen und Naturanbetung. Und Jans Wünsche richteten sich auf Tauchen, Bootfahren und ein gemeinsames Animationsprogramm von Papa und Mama. Zudem vermißte er seine Spielkameraden, und wenn er einmal jemanden gefunden hatte, reisten wir (oder die anderen Leute) weiter.
Fazit des ganzen Unternehmens war, nüchtern betrachtet, neben dem Loch auf den Bankkonten, daß Rolf und ich uns dreimal *sehr* gestritten haben und ich Zweifel habe, ob Rolf wirklich »wie eine Mutter« mit meinem Sohn umgeht. Eher trifft das Gegenteil zu. In diesem Urlaub schien es mir manches Mal so zu sein, daß ich von den beiden völlig ausgeklammert, nicht ernstgenommen wurde und meine Rolle schnell die der meckernden Spaßverderberin war. Ich fand es zum Beispiel überhaupt nicht witzig, wenn die beiden bis in unbekannte Meeresgründe hinausschwammen, und auch nicht, daß Rolf es für angemessen hielt, Jan beim Autofahren ans Steuer (auf seinem Schoß) zu lassen ... In solchen Situationen kam ich mir gluckenhaft vor, was mich obendrein ärgerte.
Einer unserer Streits entzündete sich an dem unglaublichen Ausspruch von Rolf (seinem gerade sechsjährigen Sohn gegenüber): »Stell dich nicht so an, du bist doch ein *Mann!*« (Es ging darum, daß Jan sich beim Schwimmen an einem Felsen ge-

schürft hatte, nicht wirklich schlimm, aber doch blutend, und keine Lust hatte, wieder ins Wasser zu gehen.)
Ich habe Rolf dann gefragt, ob er eine solche doofe Bemerkung auch gegenüber einer *Tochter* machen würde, und er guckte mich an, als sei ich nicht ganz zurechnungsfähig ... Damit waren dann drei Tage »Urlaub« vermasselt. Und ich weiß bis heute nicht genau, ob es an Hitze und Wein lag oder sich um die *wirklichen* Ansichten meines gutwilligen, freundlichen Lebenspartners handelt ... Er warf mir im Streit vor, ich sei eine dämliche Emanzenschickse, die aus seinem Sohn ein Mädchen machen wolle, und er würde von Jungs sowieso weit mehr verstehen als ich, und von Jan erst recht ...
Ich merke, daß dieser Brief an Dich auch die Funktion hat, mir selbst ein wenig Klarheit zu verschaffen über das, was da ablief. Natürlich (?) habe ich ein schlechtes Gewissen. Aber ich habe auch eine ziemliche Wut.
Zu allem Überfluß war mein erster Arbeitstag heute von Unglück, schlechten Nachrichten und miesen Zukunftsaussichten gesegnet. Bianca, meine schwangere Kollegin, liegt mit drohender Frühgeburt im Krankenhaus. Eine weitere, neue Kollegin, hat gekündigt, ohne sich mit uns abzusprechen, und ihre Stelle wird nun wohl gestrichen. Eine Frau, die wir beraten haben, hat Klage erhoben gegen das Zentrum, weil wir ihr angeblich gegen ihren Wunsch eingeredet hätten, sie solle abtreiben! (Solche Klagen kommen ab und zu vor – meist von völlig verunsicherten Frauen, die von ihrem Mann Druck bekommen haben. Es ist aber trotzdem nervig.) Und die Rechnungsprüfung hat zwei Mängelrügen ausgesprochen. Die Stimmung heute lag also bei etwa Minus 20 Grad Celsius, und ich muß schon morgen die Mütter-Gruppe übernehmen, ohne daß eine Übergabe hat stattfinden können.
Ich glaube, ich bin urlaubsreif!
Entschuldige bitte, daß ich Dir nur von Frust und Sorgen erzähle. Wo steckst Du eigentlich? Und warum schreibst Du nicht?

Liebe Grüße! Deine Ruth

Hamburg, Sonntag, den 3. Juli 1994

Arme, traurige, familienurlaubsgeschädigte Ruth!
Da ich Dich nicht erreichen kann, morgen aber für drei Tage zu Dreharbeiten fahre, will ich Dir schnell auf Deine Briefe antworten und versuchen, Dir ein wenig Trost zu spenden.
So einen »Familienurlaub« habe ich auch einmal (einmal und nie wieder!!!) erlebt. Das muß 1974 oder 1975 gewesen sein, Vanessa war noch klein, und mein damaliger Liebster hatte durch Freunde die Möglichkeit, uns fast umsonst in einer Ferienwohnung in Porto Colom – das ist an der südlichen Ostküste von Mallorca – unterzubringen. Wir befanden uns also ebenfalls in der Traumkonstellation Vater, Mutter, Kind und haben uns grenzenlos gelangweilt und gestritten – obwohl ich die Insel *an sich* hinreißend fand und begeistert war von den Zitronenbäumen und einem malerischen Bucht-Panorama. Ich bin später noch zweimal dort gewesen – einmal mit, einmal ohne Vanessa – und habe mit Erstaunen wahrgenommen, wie schön und anders *derselbe* Ort ist, wenn ich nicht als Ehefrau-und-Mutter fungiere. Dabei waren wir frisch verliebt und nicht einmal verheiratet. Aber die Konstellation war dieselbe, und das Verrückte war (das kenne ich auch aus Nicht-Urlaubssituationen), daß ich mich in diesem Theater mit Mann und Kind auf einmal maßlos verantwortlich fühlte für den Frieden untereinander und *er* mit uns beiden herumzog, als sei er der Chef des Unternehmens ... Vanessa war todunglücklich, fand es blöd, abends in Kneipen zu sitzen, und mußte dauernd vor wahnsinnigen Auto- und Mopedfahrern und dem sicheren Überfahren gerettet werden. Der für mich schönste Tag – ich bin allein mit der alten Bimmelbahn nach Soller gefahren, einem wunderschönen Ort auf der anderen Seite der Insel – endete in einem Fiasko, denn als ich spätabends zurückkam, lag Vanessa im Krankenhaus in Palma. Sie hatte sich beim Herumtoben das Nasenbein gebrochen. Und damit war mein Urlaub in Kleinfamilie beendet.
Was Du über Rolf und Jan schreibst, kenne ich ein bißchen aus

Erzählungen anderer Frauen, aber natürlich nicht aus eigener Erfahrung. Denn *natürlich* hat nie irgendein Kerl meiner Tochter gesagt, sie solle ein *Mann* sein! Ich bin jedoch nicht sicher, ob Vanessas Vater anders auf sein Kind reagiert hätte, wenn es ein Sohn gewesen wäre. Tatsache ist, daß er sich nicht wirklich für sie interessierte, solange er unter den Lebenden weilte. Und die anderen Männer, die mit mir zu tun hatten, haben sie ganz unterschiedlich behandelt – das reichte vom Ignorieren (was ich schlecht aushielt) bis zum Flirtversuch (was ich noch schlechter aushielt). Vorherrschend war jedoch Desinteresse – und in der Zeit, als Vanessa in der Pubertät war, hatte ich ja bereits die Vorzüge des Lebens ohne Mann entdeckt.

Ach, Ruth! Was soll ich Dir schreiben oder gar raten? Aus meinen Erfahrungen, als Vivian, fast 46 Jahre alt und Mutter einer 23jährigen schwangeren Tochter (igitt!) kann ich nur sagen: Mach, was Du willst, aber laß keinen Mann in Deine Wohnung! – Das ist nicht besonders erhebend, aber lebensnah. Kennst Du diesen Spruch, der früher auf fast allen Frauenklos gemalt war: Eine Frau ohne Mann ist wie ein Fisch ohne Fahrrad!?

Ich lebe damit, wie ich denke, gut und ausgeglichen, gehe zwar ab und an mit einem Vertreter des Patriarchats ins Bett – möglichst in seines (dann weiß ich gleich, wie er lebt und eingerichtet ist) –, aber ich habe einfach keine Lust mehr auf Diskussionen über Hausarbeit, Kloputzen und Kindererziehung, geschweige denn über mein Bedürfnis nach Ruhe und Alleinsein, nur weil ich von Zeit zu Zeit gerne einmal verliebt (?) bin oder vögeln oder ein Gespräch führen will …

Ein wirkliches Problem besteht meiner Meinung nach in der Tatsache, daß es Jan gibt. Hüte Dich davor, alleinerziehend zu werden, falls Du Dich wirklich von Rolf trennst. *Allein* Mutter zu sein ist schlimm. Zumindest gehört es zu den Lebensformen, zu denen ich keiner Frau rate. Gründe eine WG, laß Jan bei Rolf, erkundige Dich nach guten Internaten – aber versuche nicht, alles alleine zu schaffen …

Du siehst, ich starte gerade einen Interventionsversuch gegen

Deine wilde Ehe, die ja aber mit Zweisamkeit viel zu tun hat und zudem noch ein gemeinsames Kind versorgen muß.
Ich habe Rolf bei meinen beiden Besuchen als einen ausnehmend netten, unterhaltsamen, wenn auch etwas verunsicherten Mann empfunden, der wirklich über einige Grundstrukturen nachgedacht hat und das auch persönlich nimmt. Andererseits fand ich, daß er Dich sehr oft beim Sprechen unterbricht und vieles nicht verstand, worüber wir redeten. – Das Letztere ist nicht weiter beunruhigend, denn ich glaube, daß das zwischen Frauen und Männern meistens so ist.
Nicht klar ist mir Rolfs Part in Eurem Rollentausch. Ich fand es einerseits rührend, wenn nicht beneidenswert, daß er liebevoll und wie selbstverständlich mit Jan umging, ihn ins Bett brachte, umsorgte – andererseits habe ich in seinem Auftreten auch Nuancen von Show und des Gestreicheltwerdenwollens entdeckt. Es war so ein Gefühl, als ob er von *mir* Anerkennung haben wollte dafür, daß *er* nun Jan versorgt, damit *wir Frauen* nun unser *Frauengespräch* weiterführen können, weil *er* es uns ermöglicht.
Mein Ansinnen, Ruth, ist nicht, gegen Deinen Rolf zu hetzen. Ich halte mich da am liebsten raus. Aber ich will auch nicht, daß Du unglücklich bist. Schon gar nicht, meine ich, brauchst Du ein schlechtes Gewissen zu haben – weder Jan noch Rolf gegenüber.
Falls es Dir ein Trost ist: Ich habe zur Zeit auch viel Streß und Unannehmlichkeiten bei der Arbeit. Zwar sind unsere Stellen nicht verringert, sondern sogar um eine erweitert worden, dennoch gibt es sowohl konzeptionelle – politische? – Differenzen als auch Rationalisierungsbestrebungen des neuen Chefredakteurs, die, nach meinem Dafürhalten, auf Kosten von Themen und Innovation gehen. Meine Herbstreise nach Venezuela ist abgelehnt worden, wie erwartet; die Bielefelder »Rabenmütter« habe ich selbst »sterben« lassen – zur Freude der Redaktion, was mich wiederum höllisch fuchste. Zur Zeit wehre ich mich dagegen, demnächst für vier Wochen nach St. Petersburg geschickt zu werden.

Was Vanessa betrifft: Ihr Bauch wächst, ich habe ihr ein Kinderbett geschenkt und einen Gutschein für zwei Tage Urlaub ohne Baby, wenn es nicht mehr gestillt wird. Sie reagierte darauf eher kühl.
Gerhard hat vor einigen Tagen meine Klospüle repariert – er versteht also nicht nur etwas von EDV und dem Ehelichen von Feministinnentöchtern! – Das ist ja schon ein Trost zu wissen, daß meiner Tochter in ihrer dubiosen Vorstadtidylle ein Mann zur Seite steht, der wenigstens nicht zwei linke Hände hat!
Ruth? – Mach alles richtig!

Ich umarme Dich! Vivian

Kassel / 10. Juli 1994 / 0.30 Uhr

Liebste Vivian,
ich sitze in der Küche, eine Flasche Rotwein neben mir, und kann nicht schlafen. Dabei bin ich eigentlich recht müde. Die ganze Woche habe ich versucht, Dich telefonisch zu erreichen, aber nur den Anrufbeantworter angetroffen. Nun schreibe ich Dir, ein wenig angesäuselt und zerknirscht über meine Jammerbriefe aus den letzten Wochen. Es ist ja alles gar nicht so schlimm …
Dein Brief vom 3. Juli war ein großer Trost für mich, obgleich Rolf und ich uns wieder einigermaßen berappelt haben. Er liest (auf meine Anregung hin) gerade Bücher über geschlechtsspezifische Sozialisation, und wir haben ein paar gute Gespräche mit viel Nähe zueinander gehabt.
Dennoch bin ich ein wenig durcheinander. Und manchmal auch voller Zweifel darüber, *wie* wir miteinander leben und Jan aufziehen, obwohl ich weiß, daß ich es im Vergleich zu vielen anderen Frauen (Müttern) ja gut habe und mich eigentlich nicht beschweren sollte.
Ich glaube, in meinem Kopf sind trotz Rollentausch und vieler

soziologischer Weisheiten doch auch einige Sehnsüchte nach einer »heilen Familie«, und ich bin eigentlich stolz darauf, daß wir es schaffen, für Jan ganz akzeptable Eltern zu sein, auch wenn manches auf den ersten Blick ungewöhnlich aussieht. Er hat immerhin eine Mutter und einen Vater, die sich halbwegs verstehen und die ihm nichts vorspielen. Jedenfalls hat er eine Art Grundvertrauen in die Welt.

Das ist ja schon mehr, als ich hatte. Ich erinnere mich sehr deutlich daran, daß ich schon als kleines Mädchen wünschte, mein Vater würde von der Bildfläche verschwinden und uns, vor allem meine Mutter, zufriedenlassen. Ich habe Dir ja bei meinem letzten Besuch erzählt, daß mein Vater meine Mutter ziemlich oft verprügelt hat und wir, meine Schwester, mein Bruder und ich, dem recht hilflos und voller Schuldgefühle gegenüberstanden. An meine Kindheit muß ich in letzter Zeit öfter denken. Vielleicht hat das damit zu tun, daß Jan größer wird. Vielleicht liegt es aber auch daran, daß ich oft das Gefühl habe, nach außen hin zu funktionieren: eine tolle Beziehung, ein Superkind, eine interessante Arbeitsstelle ... und in meinem Inneren nagen dennoch einige Zweifel, ob das denn alles tatsächlich so stimmt, denn mit dem, was ich habe, bin ich gar nicht immer zufrieden. Und dann habe ich wieder ein schlechtes Gewissen und fühle mich wie diese Fischersfrau im Märchen, die haben will und immer mehr haben will, bis sich alles in Luft auflöst, weil sie zu egoistisch und undankbar war ...

Aber wir Frauen sind doch bescheiden und genügsam, nicht wahr? Weißt Du, Vivian, manchmal finde ich mich richtig doof mit all meinen Widersprüchen und Gedanken. Ich bin froh, daß ich sie wenigstens Dir sagen kann. Ich glaube, ich hatte noch nie in meinem Leben so ein offenes Verhältnis (in dem ich alles, was ich denke, aussprechen kann) zu einem Menschen wie zu Dir. Danke dafür!

Und dabei hast Du doch momentan die größeren Probleme! Ich bewundere Dich auch dafür, daß Du Vanessa alleine großgezogen hast und beneide Dich insgeheim um Deine spannende Arbeit und Deine Reisen.

Ich hänge hier wohl auf immer und ewig in Kassel fest, führe täglich den gleichen Kampf um Lohn und Brot und das Selbstbestimmungsrecht von Frauen, könnte meinen Sohn wahrscheinlich niemals alleine ertragen und will auch nicht alleine leben. Ich mag es einfach gerne, wenn jemand da ist. Und ich schätze auch diese Verläßlichkeit in der Beziehung zu Rolf, obwohl es zur Zeit schwer ist.
Das will ich nicht aufs Spiel setzen. Nur manchmal habe ich die Wohnung gern für mich – als Pause sozusagen. Heute nachmittag, als ich von der Arbeit nach Hause kam, habe ich auf dem Balkon gesessen, und mir kamen die Tränen, obwohl es gar keinen wirklichen Grund dafür gab ... Kennst Du solche Stimmungen?
Weißt Du, Vivian, mein Tag heute war anstrengend, aber das ist auch sonst oft so. Ich hatte erst eine Frau in der Beratung, die sofort losweinte und immer wieder sagte: »Aber ich will, ich will, ich will dieses Kind!« – und sich eigentlich schon entschieden hatte abzutreiben. Sie war zum zweiten Mal in der Beratung, und die Geschichte dieser Schwangerschaft ist furchtbar, denn sie stellt, soweit die Frau erzählt hat, einen Beziehungsrettungsversuch unter Vortäuschung von Verhütung (ihrerseits) dar.
Als nächste Klientin hatte ich eine mir bereits bekannte Frau, die zum dritten Mal schwanger ist, obgleich sie keine Kinder will. Und dann kam eine 16jährige Schülerin, die völlig verschüchtert und ratlos war, eigentlich nicht abtreiben, sondern zu Hause ausziehen wollte ...
Ich darf Dir das alles gar nicht schreiben, denn es herrscht eine strenge Schweigepflicht bei uns. Doch mich nervt gerade alles an, und ich finde mich nicht sehr geeignet für diesen Job ...
Ich habe Vanessa übrigens von Kreta ein kleines Briefchen geschrieben, und sie hat mir geantwortet.
Gute Nacht, liebe Vivian!

Deine Ruth

Hamburg, Samstag, den 23. Juli 1994

Liebste Ruth,
ich bin im Streß! Erstens komme ich gerade aus Berlin von einer Tagung »Frauen und Politik«, und zweitens muß ich morgen nach St. Petersburg fliegen.
Zu eins:
Interessant und gleichzeitig nicht sehr ermunternd hinsichtlich meiner Utopie, wonach Männer und Frauen unter *demokratischen Verhältnissen* gleichberechtigt leben könnten. Es ging um Quotierung, Veränderungsansätze im öffentlichen Dienst und Rückschläge in der Antidiskriminierungsdebatte. – Mir war gar nicht präsent, daß über Gleichstellungspolitik und Quotierung heute so kontrovers diskutiert wird. In den USA soll die Thematik bereits zu den »Problemen der angewandten Ethik« gehören und zum philosophischen Diskurs um Gerechtigkeit zählen. Einiges, was auf dem Kongreß behandelt wurde, schien mir sehr abgehoben, doch habe ich auch interessante Infos mitgenommen: Ruth, wußtest Du, daß Frauen bei uns erst seit 1908 studieren dürfen und sich erst seit 1920 habilitieren können? In den USA haben sie diesbezüglich fast 100 Jahre Vorsprung, und in Großbritannien (1869) und der Schweiz (1865) fast ein halbes Jahrhundert!
Was mir gut gefallen hat: Die Referentin aus den USA ging sehr differenziert mit den Informationen um. So berichtete sie, daß an der Universität Chicago zwar bereits zehn Jahre nach deren Gründung (1902) mehr als 50 Prozent Studentinnen immatrikuliert waren, bis in die 40er Jahre aber so gut wie keine Schwarzen, Juden oder Katholiken beiderlei Geschlechts …
Interessant waren auch zwei Referentinnen aus dem hiesigen »Internationalismusbereich« (Frauen, die mit Frauen anderer Länder oder Migrantinnen zusammenarbeiten), die von »Leerstellen der bisherigen Gleichstellungspolitik« bei uns sprachen: Einlaß in Machtpositionen und gut dotierte Jobs bedeuteten eben auch die Teilhabe an Wettbewerb und Konkurrenz, vor allem aber Verzicht auf die Infragestellung herrschender ökono-

mischer und politischer Strukturen. Kurz: Gleichstellung, die sich am Maßstab weißer, deutscher, erfolgreicher Männer orientiert, profitiere automatisch von der Ungleichheit auf der Welt. Christina Thürmer-Rohr soll dazu gesagt oder geschrieben haben: »Befreiung im Kapitalismus kann nur eine Befreiung auf Kosten und zu Lasten anderer sein, vor allem derjenigen, die man nicht sieht.«
Zu zwei:
Ich habe mich, gestern, nach einem finanziellen Bestechungsversuch des Chefredakteurs (siehe oben!) darauf eingelassen. Es geht um eine Reportage, um vier Wochen Austausch-Mitarbeit im Frauenprogramm eines Privatsenders im ehemaligen Leningrad. Das, was ich von deren Arbeit dort durch die Ansicht einiger Videos kenne, ist eine einzige Provokation für jedes feministisch angehauchte Gemüt: Es werden dort Sendungen gegen Abtreibung und Werbung für eine neugegründete »Schule für höhere Töchter«, in der die jungen Russendamen wieder den Hofknicks lernen, produziert! – Mein Verdacht, dem nicht widersprochen wurde, besteht darin, daß mein Arbeitgeber-Verlag dennoch oder gerade deshalb dort einsteigen will, meine Dienstverpflichtung also keineswegs nur der Reportage dient, sondern vor allem den Beginn einer lukrativen, da staatlich finanzierten, Zusammenarbeit darstellt. Die Kollegin, die ursprünglich fahren wollte und sollte, hat aus Krankheitsgründen abgesagt. Und ich kann kein Wort russisch! Mein einziger Pluspunkt ist, daß ich 1988 schon einmal dort war. St. Petersburg, ehemals Leningrad, ist eine beeindruckende Stadt, in der es zumindest damals schon eine interessante staatskritische Frauenszene gab. Und die Stadt ist – trotz vieler heruntergekommener Häuser – unglaublich schön ...

Vanessas Schwangerschafts- resp. Mutterschaftsvorbereitungen laufen auf Hochtouren. Ihr Bauch ist mittlerweile wirklich etwas rundlich, vor allem aber entwickelt sie Ängste, keine gute Mutter sein zu können. Und damit gehört sie ja schon fast zu »uns«, oder?

Unser Verhältnis ist jedoch leider nicht gerade wie eines unter Freundinnen – tja, ich befürchte, daß ich so ungefähr die Falscheste bin, ihr diese Ängste zu nehmen. Aber nun verschwinde ich ja für einige Wochen von der Bildfläche, und sie hat ihre Ruhe vor mir.
Aus diesem Grunde aber, liebe Ruth, bitte ich Dich, wenn Du es einrichten kannst, hin und wieder bei ihr anzurufen. Ich weiß nicht, wie die Telefonverbindungen heute in St. Petersburg sind. Meine Telefonnummer wird der Redaktion ab etwa übermorgen bekannt sein. Es ist wahrscheinlich unnötig, aber dennoch mache ich mir einige Sorgen. Schließlich sind es ja nur noch zwei Monate bis zur Geburt ...
Ich melde mich das nächste Mal aus St. Petersburg! Und ich bringe Dir irgend etwas Schönes mit!
In sieben Stunden geht mein Flug! Ein Kuß an Dich und danke!

Vivian

Nachsatz: Die alternative Beratungsstelle in Bremen heißt CARA (Beratungsstelle zur vorgeburtlichen Diagnostik). Ich schicke Dir beiliegend deren Broschüre »Schwanger sein – ein Risiko«. Ich bin selbst etwas unsicher über eine solche Arbeit – andererseits scheint es mir richtig zu sein, gerade auch vom kritischen Standpunkt aus tätig zu werden. Guck Dir das Heft an, und sag mir Deine Meinung dazu.

St. Petersburg, Mittwoch, den 10. August 1994

Liebe Ruth im fernen Kassel!
Du sollst wenigstens *eine* dieser kitschigen Postkarten bekommen. Ich bin hier auf einsamem Posten. Die Stadt ist hinreißend schön, die politischen Gegebenheiten sind eher zum Weinen – überall Bettler, auch obdachlose Frauen ...

Ich bewege mich zwischen Hochgefühlen, großartigen Eindrükken, Kulturereignissen (Konzerte, Museum!) und Ohnmacht, Schlangestehen (Markt). Es ist interessant, hier zu sein, obwohl die Klos im Sender unbenutzbar sind (soviel Dreck in Frauenklos habe ich noch nie im Leben gesehen!) und die Kolleginnen schwierig. Wodka und Kaviar wiederum sind ein Genuß und ein großer, billiger Trost vom Schwarzmarkt, auch für Frauen!

Vivian

Hamburg, Samstag, den 3. September 1994

Liebste Ersatzgroßmutter Ruth!
Ich bin immer noch verwirrt und durcheinander. Es war so lieb von Dir, daß Du Vanessa besucht hast, wobei ich in doppelter Weise Eifersucht verspüre: zum einen darauf, daß Ihr beide Euch so gut versteht (der Altersunterschied zwischen Dir und Vanessa ist nach meinen Berechnungen ja sogar geringer als der zwischen uns beiden), vor allem aber deshalb, weil Du sozusagen Mutterpflichten übernommen hast, während ich dienstverpflichtet in St. Petersburg festsaß. Wer konnte auch ahnen, daß dieses kleine neue Superweib fast vier Wochen zu früh das Licht der Welt erblicken würde?!
Aber ehrlich gesagt, ich fürchte, Vanessa hätte *mich* gar nicht an ihr Wöchnerinnenbett gelassen, geschweige denn in die heiligen Hallen des Kreißsaales. Sie vermutet in mir augenscheinlich irgendeine Mischung aus böser Fee und antiquierter Politkaderin, deren Interesse an der Mutterschaft der eigenen Tochter höchstens journalistisch ist. Und meine Verstimmung über ihre Schwangerschaft und den Abbruch des Studiums hat dieses Verhältnis nicht gerade verbessert.
Daß *ich* nun *Oma* bin, ist befremdlich. Es wird dauern, bis ich mich damit abfinde.
Gestern haben sie mich besucht: Mama, Papa und Superkind!

Ich durfte die Lütte nun schon mehrfach beäugen und empfinde eine Mischung aus unberechtigtem Stolz (auf meine Tochter und auf meine Enkelin) und unberechtigtem Widerwillen (auf dieses Bild der idyllischen Kleinfamilie, das die drei gerade in Ignoranz jeglicher statistischen Erkenntnisse abgeben). Und, Ruth, ich habe *vergessen, wie klein* diese neuen Kinder sind! Ist das normal? – Ich habe den Eindruck, daß ich mit Marie kaum etwas anfangen kann, völlig unsicher mit ihr bin. Verstärkt wird das natürlich noch dadurch, daß Vanessa es nicht unterläßt, mich auf alle möglichen Dinge hinzuweisen, die heute richtig, früher aber falsch gehandhabt worden seien, so daß ich dauernd gegen meinen Willen gezwungen bin, mir über die Situation vor 24 Jahren Gedanken zu machen. Leider auch kritisch! (Wieso habe ich es mir beispielsweise gefallen lassen, daß man mir mein Kind nach der Geburt wegnahm?)
Auch dieses wunderbare Buch von Sheila Kitzinger, das Du ihr mitbrachtest, beschreibt ja diese Art Konkurrenz zwischen Mutter und Tochter, und ich fühle mich ertappt, als schlechte Mutter damals (als Vanessa klein war) und als schlechte Oma-Mutter heute (gegenüber der frischen Mutter Vanessa). Trotzdem – oder gerade deshalb – ist dieses Buch meinem ersten Eindruck nach das Beste, was je an »Mütter-Ratgebern« verfaßt wurde, und es gefällt mir auch, daß es »Überlebenshandbuch für Mütter« heißt.
Die beiden, also Vanessa und ihr Gerhard, machen das gar nicht so schlecht mit Prinzessin Marie. Er hat einen guten Draht zu der Kleinen, trägt sie ohne Unterlaß an seinem Körper, und es scheint so, als sei die Prinzessin bei ihm auch zufrieden. Jedoch weiß ich nicht, ob das anhalten wird, denn er hat nun bald seinen Jahresurlaub aufgebraucht und wird dann wieder von montags bis freitags den ganzen Tag über zur Arbeit gehen.
Vanessa denkt nach wie vor nicht an eine Wiederaufnahme des Studiums. Sie berichtete allerdings von einer Müttergruppe, der sie nun angehöre, und wo es ein paar nette frischgebackene Mamas geben soll, die sie aus der Schwangeren-Vorbereitung kennt. Ansonsten erzählt sie mir nicht viel.

Hamburg, Mittwoch, den 7. September 1994

Ich mußte den Brief leider unterbrechen, weil ich Hals über Kopf von der Redaktion nach Frankfurt zitiert wurde. Dort hatte es, ich habe Dir schon kurz am Telefon berichtet, wieder eine dramatische Situation mit Flüchtlingskindern gegeben. Es war scheußlich mitzukriegen, wie ausweglos die Situation in diesem »Kinderknast« ist. Und wie groß die Unterschiede und wie weit entfernt die Probleme der einen (uns hier) und der anderen (der Leute aus den armen Ländern) voneinander sind. Ich war tagelang regelrecht aggressiv, und ich fand es völlig verrückt, sich hier in Hamburg auf Sozialisationsprobleme und abgehobene Mutterfragen einzulassen, während ein paar hundert Kilometer weiter kleine Kinder und Jugendliche von der hiesigen Ausländerpolizei durchsucht, eingesperrt und wieder abgeschoben werden. Nein, diese Kinder werden nicht geschlagen, soweit ich das mitbekommen habe. Ihnen wird zu essen und zu trinken gegeben, und sie erhalten freundliche Zusprache – und werden anschließend untersucht. Das heißt: Leibesvisitation, nackt ausziehen, gynäkologische (bei den wenigen Mädchen, die dabei sind) und Analuntersuchungen. Letztlich werden sie eingeschüchtert bezüglich der Möglichkeit, zumindest vorübergehend hierbleiben zu können. Man stellt ganz merkwürdige Altersschätzungen, zum Beispiel per Röntgenaufnahmen, mit ihnen an, weil Kinder im Grunde nicht abgeschoben werden dürfen – wohl aber Jugendliche. Diese Messungen sind, auch unter den daran beteiligten Medizinern, sehr umstritten, denn ob ein Handknochen 13, 15 oder 17 Jahre alt ist, kann gar nicht eindeutig festgestellt werden.
Ein paar Leute versuchen, wenigstens die Bedingungen vor Ort etwas erträglicher zu gestalten. Aber insgesamt ist es einfach zum Heulen. – Ich weiß auch nicht, wie ich handeln würde in einem Land, in dem die Überlebenschancen für mein Kind größer wären, wenn ich es mit tausend Tricks in ein Flugzeug nach Europa setzen würde …
Vanessa war traurig, als ich ihr am Telefon davon erzählte. Sie

schien allerdings auch beleidigt, weil ich so voll von Frankfurt war und so wenig auf die neusten Fortschritte im Zusammenhang mit Marie eingehen konnte.
Sie plant nun so eine Art Babygruppen-Initiative gemeinsam mit zwei Frauen und einem Vater aus dieser Müttergruppe. – Wieso ein Mann in einer Frauengruppe? Ich habe vergessen, sie das zu fragen vor lauter Erleichterung über die Entwicklung in Richtung kollektiver Kindererziehung ... Oder darf frau das nicht mehr so nennen?
Sie seien der Ansicht, sagt Vanessa, daß es besser für die Babys sei, Spielkameraden zu haben. – Ich bin der Meinung, daß es nicht ausreicht, eine solche Entscheidung nur »für die Kinder« zu treffen, aber diese Kritik behalte ich schön für mich – zumindest Vanessa gegenüber. (Ich habe das Gefühl, daß alles, was ich sage, provokativ auf sie wirkt.) Mir kommt dieses Brimborium um die lieben Kleinen heutzutage, gelinde gesagt, etwas übertrieben vor. Ich bin froh, daß ich vor einem knappen Vierteljahrhundert Mutter wurde und nicht heute. (Genau *das* hat mir gräßlicherweise meine eigene Mutter damals ungefähr im selben Wortlaut gesagt! – Was soll ich von dieser Beobachtung halten?)
Meiner Erinnerung nach sind kleine Kinder, auch Babys, nicht nur herzig und knuddelig, sondern auch höllisch anstrengend. Und ich meine, daß es mehr als gerechtfertigt ist, wenn diese Arbeit etwas aufgeteilt wird und wenigstens zeitweise im öffentlichen Raum stattfindet und nicht nur in den Eigenheimen oder gar Sozialwohnungen – jede arme Mama für sich ...
Außerdem scheinen mir – auch Vanessas Verhalten betreffend – manche der heutigen Ansprüche überzogen. Meine Tochter hielt mir vor vier Tagen einen zehnminütigen Vortrag über die unterschiedlichen Sorten von Babywindeln und darüber, daß Zellstoffwindeln nur begrenzt für den Po meiner entzückenden Enkeltochter geeignet seien! Zehn Minuten lang!!! (Ich habe heimlich auf die Uhr geguckt.) Ruth, ich kam mir vor, als sei ich rückschrittlich und eine Kinderfeindin noch dazu! Ich erinnere mich lebhaft, wie froh ich über die Erfindung der Endloszell-

stoffwindeln war, als Vanessa noch in die Hosen kackte, und wie furchtbar ich den Geruch ausgekochter Stoffwindeln in der Küche fand. Doch ich habe mich kaum getraut, Vanessa das zu sagen.
Bin ich wirklich altmodisch, Ruth? Oder per se lieblos gegenüber Müttern und Kindern? Vanessa meint, ich sei doch etwas hart und pragmatisch (damit *meint* sie, vermute ich, voller böser Gedanken, Babys gegenüber!!!).
Sie will mir offenbar aus irgendeinem Grund beweisen, daß sie eine supertolle Übermutter ist, eine bessere als ich!?! Und sie bereitet *mir* damit ein schlechtes Gewissen! Ich ahnte gar nicht, daß es eine solch intensive Konkurrenz zwischen Müttern und Töchtern geben kann …
Na, wenigstens wirst Du dieses Problem mit Jan nicht so erleben. Willst Du eigentlich noch mehr Kinder haben? – Sei vorsichtig, es könnte sich eine Tochter darunter befinden!
Ich schicke Dir überzeugte und rabengroßmütterliche Grüße! Und danke, danke, danke noch einmal, daß Du nach Hamburg gekommen bist!

Vivian

Nachsatz: Ich habe in der letzten Woche in St. Petersburg eine Reportage über eine Frauenklinik gemacht, die demnächst erscheinen wird. Die Verhältnisse sind, verglichen mit hier, entsetzlich. Am schlimmsten empfand ich aber nicht die – mangelhaften – hygienischen Bedingungen, sondern die Art und Weise, wie Ärztinnen und Ärzte über die Köpfe der Patientinnen hinweg in deren Anwesenheit sprachen und sie uns Journalistinnen präsentierten.
Die Geburtenzahlen sollen – so wurde uns berichtet – in Rußland seit 1989 um 40 Prozent gesunken sein. Abbrüche werden – »im Notfall« – angeblich bis in den achten Schwangerschaftsmonat durchgeführt. Dabei wird eine schmerzhafte künstliche Fehlgeburt eingeleitet. Das sei auch in den 80er Jahren schon so gehandhabt worden. – Ruth, das ist doch grauenhaft für die Frauen?

Kassel / 21. September 1994 / abends

Liebe Vivian,
es ist schön, daß wir uns schreiben! Ich finde gerne Briefe vor, wenn ich nach Hause komme. (Meistens handelt es sich ja bloß um Rechnungen und Kontoauszüge.)
Ich lebe hier vor mich hin, habe keine Tochter mit Kind und auch sonst nicht sehr viel Interessantes zu berichten ... Es geht alles immer so weiter. Übermorgen jedoch wird nun unsere zweitägige »Eugenik«-Fortbildung beginnen. Ich bin gespannt, wie das wird, und freue mich, daß ich so viel Material von Dir mitnehmen konnte. Über die Singer-Geschichte habe ich jetzt einen etwas anderen Zugang zu dem Thema. Ich gebe Dir recht in dem Punkt, daß es wichtig ist, auch die gesamtgesellschaftliche Bedeutung in die Beratungspraxis einfließen zu lassen, genauso tun wir das ja auch gegen den Paragraphen 218 und bei der Verteidigung des Rechts der Frauen, selbst zu entscheiden, ob sie schwanger sein wollen oder nicht. Und auch die politische Dimension von Mutterschaft, also wie es den Müttern im allgemeinen geht, spielt ja eine Rolle (obwohl ich denke, daß die ärmsten Frauen zu uns gar nicht kommen, weil sie nichts von uns wissen).
Andererseits fällt mir der Gedanke schwer, Frauen zuzureden, sich *für* ein behindertes Kind zu entscheiden. Ich glaube, das kann ich nicht, und ich glaube, das will ich auch nicht ... Doch sehe ich ein, daß es auch gesellschaftliche Gründe hat, wenn von besonderen Schwierigkeiten gesprochen wird. Und frappant finde ich die Zahlen, nach denen fast alle Behinderungen nachgeburtlich oder unter der Geburt entstehen ... Ich glaube, daß wir *falsch* informiert sind (oder sein wollen?) und daß es immer mehr um (angebliche) Machbarkeit von Gesundheit geht ... Das ja. Und wenn ich oder mein Sohn behindert wäre, würde ich mich wahrscheinlich auch davon angegriffen fühlen. Aber ich finde das Thema *gerade* auch auf der gesellschaftlich-moralischen Ebene verzwickt: In bezug auf die Umweltschäden argumentieren wir ja auch mit dem Wunsch nach und dem Recht auf Gesundheit ... Und das finde ich legitim!

Ich werde Dir in einigen Tagen berichten, wie unser Wochenende im Edertal verlaufen ist. Eigentlich bin ich nicht besonders erfreut, mit den Kolleginnen wegzufahren, denn die Stimmung untereinander ist zur Zeit eher gereizt und anstrengend.

Jan ist bei seinem neuen Freund. Hast Du registriert, daß ich in meiner Mutterkarriere nun zur Mama eines Schulkindes befördert worden bin? Ich habe bereits zwei Elternabende hinter mich gebracht. Nach dem zweiten habe ich allerdings Rolf inständig gebeten, das demnächst zu übernehmen, denn ich fand die beiden Termine ziemlich ätzend. Zum einen reden dort vor allem Väter jeglicher Sorte, vor allem reden sie unaufhörlich und hören nicht zu!, und zweitens liegt vieles grundsätzlich im argen an dieser Schule. Und ich will nicht, daß diese Elternmitarbeit mir den Schlaf und die Zeit raubt.

Außerdem habe ich mich gleich am zweiten Abend bei manchen der Eltern (und ich fürchte, auch bei Jans Lehrerin) unbeliebt gemacht. Es ging um Schulaufgaben und Mittagessen. Ich habe recht freimütig kundgetan, daß ich dafür nicht zuständig sei, weil nämlich außerhäusig berufstätig. Wenn sich jemand bei uns darum kümmerte, dann wohl Jans Vater ... Du hättest die Blicke einiger der anwesenden Mütter sehen sollen! Ich kam mir ganz schlecht und böse vor. Zudem mußte ich auch noch eine ziemlich dumme Bemerkung ertragen, die aufs Zentrum zielte. Eine der Mütter sagte, als ich meine Arbeit erwähnte: »Ach, diese Abtreibungsklinik? Weiß Jan eigentlich, was Sie dort tun?« So, als sei ich eine Engelmacherin. Und das Ärgerliche war, daß ich, statt zurückzustänkern, mich auf eine Debatte einließ darüber, daß wir doch gar keine Abbrüche vornehmen ...

Jan scheint jedoch recht gerne in die Schule zu gehen. Er hat einen richtigen Freund gefunden, dessen Mutter auch ganz o. k. ist und einverstanden damit, daß bis auf weiteres Jan montags und dienstags bei ihr ißt und sich nach der Schule aufhält. Am Mittwoch und Donnerstag kommt Alexander dafür zu uns (also zu Rolf), und Freitag ist beliebig offen verteilbar. Ich halte

das für eine vernünftige Regelung, und so hat Rolf wenigstens zwei ganze »kinderfreie« Tage pro Woche sicher für seine Schreiberei.
Die Idee scheint aber dennoch ungewöhnlich zu sein, denn sonst hat niemand aus der Klasse so eine Abmachung getroffen. Einige Kinder gehen mittags, d.h. im Anschluß an den Schulunterricht, in einen Kinderhort. Die Plätze dort sind aber sehr begrenzt, und wir hätten keine Chance gehabt, einen für Jan zu ergattern. Die meisten Mütter in Jans Klasse glucken total auf ihren Kindern. Als ich die aufgeteilte Nachmittagsbetreuung vorschlug und darauf hinwies, daß Rolf bei uns »die Mutter« sei, sagte eine: »*Ich* möchte schon, daß mein Sohn *anständig* ernährt wird und *mir selbst* von der Schule berichten kann!« Den Unterton hättest Du hören müssen ...
Erinnerst Du Dich an Conny, meine Nachbarin, die den Nervenzusammenbruch hatte? Ich glaube, sie hat eine Menge gelernt aus dem Drama. Beide Kinder gehen jetzt in den Hort, und sie überlegt, eine Fortbildung zu machen, um wenigstens halbtags wieder in ihrem Beruf arbeiten zu können (sie ist gelernte Krankenschwester). Sie hat, wie mir scheint, großes Glück mit ihrer Kur gehabt und dort richtige, kleine Aufbautips erhalten. Vor einigen Tagen haben wir abends zusammengesessen und ein bißchen Wein getrunken. Sie erzählte auch von ihrer Kindheit und daß sie alles so furchtbar fand und daraus letztlich der Wunsch entstanden ist, selbst alles besser zu machen und eine »glückliche Familie« zu haben. Nun hat sie aber dafür weder selbst ein Händchen noch die richtigen Papas für ihre Kurzen. Der Vater ihrer Kids hat sie schmählich im Stich gelassen und zahlt keine Alimente ohne Gerichtsvollzieher. Und Connys Schwangerschaft neulich war die Folge eines Fehltritts mit einem Exfreund. Der wußte gar nichts von seinem »Glück«.
Ich war übrigens gestern beim Frauenarzt, weil ich starke Beschwerden mit der Spirale bekam. Nun ist sie draußen, und ich plage mich mit der Entscheidung, ob ich mich demnächst sterilisieren lassen soll. Soviel zu Deiner Frage über meine Lust auf weitere Kinder ... Ein Abgrund tut sich vor mir auf!

Alles Liebe für Dich, und grüß Vanessa sowie Prinzessin Marie ganz lieb von mir, und wenn Du magst, auch den Prinzessinnenvater!

Deine Ruth

Stockholm, Mittwoch, den 5. Oktober 1994

Liebste Ruth, zwei Grenzen und ein kleines Meer weiter!

Ich bin auf einer Reportage im Norden Europas und nicht, wie geplant, auf der Frankfurter Buchmesse. Morgen nachmittag habe ich noch zwei Termine in Kopenhagen, aber heute frei, also Zeit, um im Café zu sitzen und Briefe zu schreiben …

Leider regnet es, so daß es mich ohnehin nicht lockt, nach draußen zu gehen. Allerdings habe ich heute vormittag schon einen ausgiebigen Spaziergang gemacht und das eher häßliche königliche Schloß bestaunt – vor allem diese verkleideten Soldaten vor ihren Wachhäuschen sind zu komisch!!! Die Altstadt Gamla Stan ist sehr hübsch (ich habe mir dort eine wunderschöne Jacke gekauft), und was mir am meisten gefällt – es gibt überall Wasser und Schiffe.

In der angeblich ältesten Konditorei dieser Stadt schlemme ich nun irrsinnig süßes Gebäck (so etwas Ähnliches wie Windbeutel, aber mit Pudding und Schokolade!). Doch ich will Dich nicht neidisch machen.

Ich bin gespannt auf Deinen Bericht von Eurem Zentrums-Wochenende mit dem schwierigen Thema. Meine Termine morgen haben übrigens ebenfalls damit zu tun – ich werde zwei Professorinnen für Bevölkerungspolitik bzw. Humanmedizin an der Kopenhagener Universität interviewen. Beide waren im Juni, während Du auf Kreta weiltest, auf einer vom Bundesministerium für Forschung und Technologie finanzierten, umstrittenen Tagung in Hamburg gewesen, die dann wegen Protestaktionen mehrerer Behindertengruppen abgesagt werden mußte.

Ruth, ich habe Dir etwas zu beichten: Ich bin nicht alleine hier,

sondern zusammen mit einem netten Kollegen, mit dem ich bereits vor einigen Wochen so etwas wie ein kleines Liebesverhältnis (oder wie nennt frau das heute? – es ist mit Sicherheit mehr als ein Flirt oder eine Bettgeschichte!) begonnen habe.
Ich weiß nicht genau, was ich davon halten soll, denn ich hatte ja, wie ich Dir aus tiefster Überzeugung sagte, die ehrenvolle und feste Absicht, mich weiterer Beziehungskisten in meinem Leben zu enthalten, ja mich ihnen zu entziehen. Und doch ist es nun sehr schön mit diesem Kerl! – Ich bin also eine verliebte Großmutter!!!
Kannst Du Dir das vorstellen? Ist das erlaubt?
Nun, zur Not soll es illegal bleiben. Aber eines ist gewiß: Heiraten werde ich nicht – derartige Unbotmäßigkeiten überlasse ich meiner Tochter ... Und der sympathische ältere Herr, auf dem mein Gefallen ruht (er ist 52!), wohnt nicht in Hamburg. Mehr wird aber noch nicht verraten!
Kurz vor der Abreise hatte ich eine sehr unschöne Begegnung mit Marianne, meiner dereinst allerbesten und langjährigen Freundin. Wir haben schon in den vergangenen Monaten immer weniger miteinander zu tun gehabt, sind Treffen aus dem Weg gegangen, weil sie regelmäßig in herben Streitereien endeten. Grund unserer Auseinandersetzungen war idiotischerweise immer das Thema *Kinder*. Dazu mußt Du wissen, daß ihre Herzchen bereits 19 (Tochter) und 22 (Sohn) Jahre alt sind, bis heute aber als Grund dafür herhalten müssen, daß eine Scheidung nicht in Frage kommt und Mutter Marianne sich angeblich dem Schicksal einer miesen Ehe beugen muß. Zudem sind beide Blagen zu Prototypen jugendlicher Ausbeuterfiguren mütterlicher Arbeit geworden, und das schmerzt mich ein wenig. Mit Krischi, dem Sohn, habe ich eine lange WG-Zeit, als er klein war, zusammengewohnt: Ich war seine »Ersatzmutter«, habe ihn sogar ab und an gestillt, wie Marianne damals Vanessa. Und nun ist dieser erwachsene Knabe in meinen Augen schlichtweg faul und verwöhnt, und seine Schwester tritt in seine Fußtapfen; ich kann nicht umhin, die Ursache für diese Entwicklung auch bei Mariannes Verhalten zu suchen. Sie kocht nach wie vor täglich für die

beiden, sie räumt und putzt, und wenn der Gatte, der sich seit Jahren Freundinnen hält, zugegen ist, auch für ihn. Marianne läßt sich behandeln wie eine Putzfrau in einem schlechten Familienroman. Und je länger dieser Zustand anhält, desto unerträglicher wird er. Das ist zumindest meine bescheidene und fachkompetente Meinung, denn bis vor einem knappen Jahr kam Marianne regelmäßig zu mir, um sich auszuheulen, und wollte immer wieder alles ändern. Und daher weiß ich, wovon ich rede.
Vorgestern abend stand sie wieder vor meiner Tür. Und ich habe, obgleich ich mitten in den Reisevorbereitungen steckte, mein schwesterliches Feministinnenherz und eine Flasche Rotwein geöffnet – mit dem miserablen Ergebnis, daß sie mich als »unverantwortliche Mutter« beschimpfte und ihre Brut verteidigte wie eine Glucke im Hühnerkrieg. Es sei »um der Kinder willen« richtig, noch immer mit dem Widerling von Familienvorstand ins ehemals alternative Anti-Atomkraft-Häuschen bei Gorleben zu fahren. Und dort schläft sie dann mit diesem Kerl – um der Kinder willen??? Just vor fünf Tagen hat er ihr dort wieder eine gelangt! (Er schlägt sie immer, wenn sie streiten, und entschuldigt sich anschließend.)
Ich bin ausgerastet und habe ihr gesagt, daß ich ihre blöden Geschichten nicht länger hören will, wenn sie nicht endlich diesen Kerl verläßt und am besten ihre Brut noch dazu, und das sofort. Daraufhin hat sie geredet wie eine Betschwester und behauptet, darunter würden er (!) und die Kinder leiden, und das würde sie nicht verantworten können. Sie sei eben nicht so eine wie ich. (?)
Ruth, sag mir, spinne ich denn? – Diese Frau war früher einmal vollkommen zurechnungsfähig und hat tausend Jahre Frauengruppenarbeit hinter sich. Marianne hat das Hunsrücker Frauencamp gegen Atomkraft mit organisiert; sie war immer in der ersten Reihe bei den 218-Demos; sie hat jahrelang als Lehrerin und später ehrenamtlich im Frauenhaus gearbeitet. Und heute sitzt sie in meiner Küche und erzählt mir, daß der Mann, der sie schlägt, darunter litte, wenn sie ihm endlich den Laufpaß gäbe. – Sehr schön!!! Diese Weiber gehen mir auf den Geist!

Sie hat auch noch die Bemerkung fallengelassen, daß sie keine Lust habe auf so ein Leben, wie ich es führe: ohne Mann und ohne Sex. Dabei ist mir aufgefallen, daß ich ihr nichts von meiner neuen Eroberung erzählen mochte, sondern nur abgrundtiefe Lust hatte, sie rauszuschmeißen. Das habe ich dann auch getan.
Zu allem Überfluß hat auch noch Vanessa an jenem Abend angerufen, weil sie sich Sorgen um die Kleine machte, die aus unerfindlichen Gründen schrie und schwer zu beruhigen war. Ich gestehe Dir, daß ich ein wenig froh war, mich nicht darum kümmern zu müssen. Ich hoffe nun aber – hier im Café zu Stockholm sitzend –, daß es nichts Ernstes war und ich nicht meine großmütterlichen Pflichten vernachlässigt habe ...
Was Deine Pläne bezüglich der Sterilisation betrifft: Erkundige Dich genau – manche Frauen leiden unter heftigen Folgekomplikationen. Ich gehöre genau zu diesen, habe jahrelang wahnsinnige Schmerzen beim Eisprung gehabt, die nur medikamentös gelindert werden konnten. Aber das alles wirst Du ja bei Euch im Zentrum genauer in Erfahrung bringen können.
Was war das für eine Broschüre über die Wechseljahre, von der Du mir neulich erzähltest? Ich habe den Eindruck, ich verändere mich gerade, auf jeden Fall bin ich weniger belastbar als sonst und schneller müde ...
Paß auf auf Dich, genieße Deine Beförderung zur Schulkindmutter und sieh Dich vor beim Rumvögeln, liebe Freundin!

Vivian

Kassel / 15. Oktober 1994 / 17.30 Uhr

Liebe, umherreisende Vivian,
ich will die Zeit nutzen, Dir zu schreiben, ehe Jan von seinem Freund nach Hause kommt. Ich bin nämlich gerade »alleinerziehend« und Strohwitwe, weil sich Rolf mit einem Freund in

Freiburg trifft. Der Freund lebt seit einigen Jahren in Nicaragua und ist nur für zwei Wochen nach Deutschland gekommen, weil seine Mutter schwer krank ist.
Unsere Wochenendfortbildung zum Thema Eugenik war ziemlich widersprüchlich. Das einzige Ergebnis ist, daß Einigkeit darin besteht, daß wir die Problematik bislang unterschätzt haben. Auf gut deutsch: Jede wurstelt in den Beratungen so vor sich hin, und die Ansichten gehen himmelweit auseinander. Mir wurde in der Debatte vorgeworfen, daß ich zu wenig Vertrauen in die Frauen hätte, die aber schon merken würden, was richtig für sie sei. Da war es sehr gut, daß ich von diesen amerikanischen Beobachtungen über die Kindsbewegungen und den Einfluß der Amniozentese darauf wußte. (Es ist ja nun wirklich frappierend, wenn die Schwangeren erst nach dem Ergebnis der Untersuchung – nicht selten in der 22. Woche – »Schwangerschaftsgefühle« entwickeln und Kindsbewegungen spüren!) Meine Kolleginnen waren davon sehr beeindruckt, wollten aber kaum glauben, daß es derartige veränderte Wahrnehmungen der weiblichen »Natur« geben könne. Doch ich hatte das Buch (»Schwangerschaft auf Abruf«) von Barbara Katz Rothman dabei und war deshalb in dieser Frage unschlagbar.
Aufgefallen ist mir auch, daß es bei den meisten Kolleginnen eine deutliche Scheu davor gibt, unsere »Familienplanung« hier als Teil von staatlicher Bevölkerungspolitik zu betrachten oder gar zu analysieren, inwieweit Verbindungslinien zur NS-Geschichte bestehen. Ich mußte meine Worte sehr vorsichtig wählen, um angehört zu werden. Und ich habe den Eindruck, daß da ein Wespennest sitzt, vor allem beim Thema 218 und »kindliche Indikation«.
Andererseits habe ich auch eigene Unsicherheiten bemerkt, denn bis vor kurzem habe auch ich mir ja darüber keine großen Gedanken gemacht. Wir werden hier erst in letzter Zeit (sehr vereinzelt) damit konfrontiert, daß zum Beispiel eine Frau nach humangenetischer Beratung fragt. Wahrscheinlich kommen die »Problemfälle« erst gar nicht zu uns, sondern wickeln ihr Anliegen über die Ärzte ab.

Übrigens besagen die mir vorliegenden neuesten Zahlen, daß sich heute in Deutschland rund 70 Prozent der über 30jährigen Schwangeren einer humangenetischen Beratung oder Fruchtwasseruntersuchung u. ä. unterziehen. Rund drei Prozent von ihnen erhalten ein »positives« Ergebnis, also den Verdacht oder gar die sichere Diagnose, daß ihr Kind gehandicapt sein wird. Und 99 Prozent von diesen lassen daraufhin abtreiben ... Du hast also recht mit Deiner Vermutung, daß es den Frauen nicht um »Diagnose« und anschließende Therapie, sondern um eine Entscheidung gegen das voraussichtlich behinderte Kind geht.

22.00 Uhr.

Jan ist eher nach Hause gekommen, und ich mußte erst mal Mutterpflichten bewältigen. Nicht, daß Du denkst, er ließe mich nicht mal einen Brief zu Ende schreiben ... Nein, aber mich stört es, wenn er gleichzeitig in der Wohnung rumwuselt, dann doch ankommt und etwas fragt. Ich sehne Rolf schon wieder herbei, und ich muß gestehen, nicht nur aus erotischen oder freundschaftlichen Gründen, sondern vor allem, weil mir mein Hausmann und Kinderbetreuer fehlt ... Jan scheint mir, wenn Rolf da ist, viel ausgeglichener, und meiner Erinnerung nach war das schon immer so. Ich glaube, so unangenehm das auch war mit meiner Brustentzündung (die hatte ich, als er knapp drei Monate alt war): Der riesige Pluspunkt bestand darin, daß Rolf ihm die Flasche genausogut wie ich geben konnte und ich von daher nicht den Brust-»Vorteil« hatte ...
In der Mütterberatung ist das immer ganz lustig, wenn ich erzähle, daß Jan auch zu Rolf »Mama« gesagt hat. Oder wenn ich berichte, daß Rolf es beinahe besser als ich verstand, ihn zu wickeln oder in den Schlaf zu singen. Ich darf es nur nicht übertreiben, sonst trauen mir die Mamas nicht mehr über den Weg ... So behaupte ich, wir hätten uns alles genau aufgeteilt, und

nicht, wie es der Wahrheit im Grunde entspricht, daß Rolf bis heute mehr mit dem Kind macht als ich. Bin ich also eine »Rabenmutter«? Genüge ich Deinen Ansprüchen?

Spaß beiseite. Manchmal finde ich es sogar bedauerlich, wenn Jan in erster Linie auf Rolf gepolt ist. Ich hab ja (auch durch den gleichzeitigen Ausbildungsstreß) viel weniger von ihm mitgekriegt als Rolf. Der erste Zahn, die erste Kacke im Topf ... Und der Kreta-Urlaub hat mich nun zusätzlich in große Zweifel versetzt, ob ich mich nicht doch mehr einklinken sollte ...

Aber das sind nur Momente, in denen ich beinahe so etwas wie Traurigkeit und Eifersucht verspüre. Das Gegenteil ist viel öfter der Fall, so wie jetzt. Mir graut schon vor morgen früh, wenn ich schlaftrunken ein *ordentliches Schulkindfrühstück* bereiten und dabei lächeln soll. Am frühen Morgen!

In der Literatur, die bei uns im Zentrum so kursiert, wird ja diese – weibliche – Mutterei teilweise als recht fragwürdig betrachtet. Papas sind demnach nicht nur modern, sondern auch lebensnotwendig für die Kids. Demzufolge bin ich, wenn ich meinen Sohn weitgehend seinem Vater überlasse, die einzig wahre und gute Mutter dieser Erde, denn eine innig-exklusive Mutterbindung würde ihm nur Probleme bereiten und später bei ihm frauenfeindliche Ängste schüren ... Ha! Es ist nämlich für die Kinderchen eher von Nachteil, wenn sie in ihren ersten Lebensjahren nur von einer Frau bebrütet werden.

Doch ehrlich gesagt, mir war das damals relativ egal ... Entweder bin ich von Natur aus faul oder mir geht der Mutterinstinkt ab, jedenfalls hatte ich nie den Drang, mich zwanghaft um Hausarbeit oder Jans vollgeschissene Windeln zu kümmern. Und mit meinem lieben Rolf habe ich wohl einen echten Glücksgriff getan, jedenfalls ist er williger und tatkräftiger als alle anderen mir bekannten Kindsväter.

Zu deinem Brief: Ja, von diesen Sterilisations-Schwierigkeiten habe ich auf Fortbildungen gehört. Vor allem aber habe ich eine unbestimmte Abneigung dagegen, einen operativen Eingriff vornehmen zu lassen. Es geht ja ums Bumsen, und dafür soll ich mich unters Messer begeben? Nein!

Ich denke, ich muß über das schwere Thema mal einen schönen Abend mit Rolf und Wein verbringen, auch um zu sehen, was mein latenter Halbkinderwunsch in Gegenwart des potentiellen Vaters spricht. Außerdem haben wir lange nicht mehr über das Thema geredet … Vielleicht will Rolf ja unter keinen Umständen noch so einen süßen Sohn?
Herzlichen Glückwunsch, liebe Vivian, zu Deiner Verliebtheit! Ich persönlich finde verliebte Großmütter interessant und sympathisch, und je doller sie es erwischt, um so mehr! Aber ich kann mir schon vorstellen, daß es Dir komisch vorkommt. Erzähl mir mehr von diesem mysteriösen Mann, der es geschafft hat, Deine Prinzipien zu durchbrechen! Ist er schön? lst er klug? Wo lebt er und wovon? Hat er Kinder oder gar eine Angetraute? Ist er nett zu Dir und gut im Bett? (Laß mich ein bißchen spannen, ja? Mein Leben verläuft ja diesbezüglich eher eintönig.)

Liebe Grüße von Deiner Ruth

P.S.: Die Wechseljahre-Broschüre heißt schlicht »Wechseljahre« (Herausgeberin: Feministisches Frauen Gesundheits Zentrum Berlin) und ist meines Wissens das Intelligenteste, was es bislang zu diesem Thema gibt. Wir haben sie hier im Zentrum, aber Du erhältst sie sicherlich auch in Hamburg, zumindest im Frauenbuchladen.
Es soll demnächst auch ein gutes Buch zum Thema herauskommen, sagte mir eine Kollegin: »Wechseljahre Wechselzeit« von Rina Nissim.

Hamburg, Dienstag, den 1. November 1994

Liebe Ruth, Beraterin in allen Lebenslagen!
Gestern abend besuchte ich Vanessa. Prinzessin Marie wird immer hübscher und runder und beobachtet mit großen Augen al-

les, was passiert. Ich habe den Eindruck, daß Vanessa im Grunde doch eine gelassene, souveräne Mutter ist. Gestern haben wir stundenlang richtig schön geplauscht und getratscht. (Das einzig Dumme ist, daß ich wegen der zarten Prinzessin-Lungen dort nicht rauchen darf, aber das ist ja durchaus einzusehen.)
Die junge Ehe scheint immer noch eine glückliche zu sein, und ich habe mit all der mir zur Verfügung stehenden Lebenserfahrung und -weisheit beschlossen, daß ich mich diesem Glück nicht mehr in den Weg stellen will. Kindsvater Gerhard ist jetzt allerdings fast den ganzen Tag außer Haus und schafft richtiggehend traditionell die Knete ran. Mich plagen deshalb ein wenig Gewissensbisse, denn ich habe Vanessa während ihres Studiums jeden Monat 1000, – DM gegeben. Das wollte sie nun nicht mehr, und mir kam das auch entgegen, weil meine Aufträge zur Zeit nicht gerade die großen Erträge abwerfen.
Vanessa genießt ihr Hausfrauen- und Mutterdasein, deutete aber gestern an, daß sie vielleicht doch in absehbarer Zeit wieder studieren wolle, wenn das mit der Krabbelgruppe funktioniert. Es sei ihr jetzt schon manches Mal langweilig …
Liebe Ruth, mir plumpste ein dicker, geheimgehaltener Stein vom feministischen Mutterherzen, egal, was es kosten soll! – Sie liest jetzt übrigens vor allem die Bücher, die *Du* ihr mitgebracht hast, und ich war etwas im Nachteil, weil ich einige nicht kenne oder vor langer Zeit gelesen habe.
Vanessa merkte zum Beispiel an, es sei zwar aus der Not geboren gewesen, aber dennoch ein großer Mangel, daß sie als kleines Kind so wenig mit Männern zu tun gehabt hätte. – Dies habe mit Sicherheit nachteilige Folgen für ihre Psyche gehabt …
Ruth! – Was sind das für Bücher, die Du meiner Tochter in aufwieglerischer Weise zukommen läßt? Gestehe es schnell!
Bis dahin schicke ich Dir einen dicken Freundinnenkuß!

Vivian

Hamburg, Montag, den 7. November 1994

Liebe, nicht erreichbare Ruth!
Warum meldest Du Dich nicht am Telefon? Seid Ihr verreist? Deine Kolleginnen behaupten, Du habest Urlaub. Was verheimlichst Du mir?
Ruth, stell Dir vor, *meine Tochter* Vanessa, erst seit knapp drei Monaten von Mutterschaft geschlagen oder beglückt, wird vernünftig! Ich bin wie aus dem Häuschen, weil ich über die Schnelligkeit der Entwicklung überrascht und immer noch etwas verwundert bin. Leider hat das Ganze einen etwas ernsteren Hintergrund, da Vanessa und Gerhard offensichtlich das erste Mal richtig aneinandergeraten sind. Soweit ich es verstanden habe – und mir wird sie nicht alles erzählen –, war das leidige Thema Hausarbeit der ausschlaggebende Punkt. Vanessa meint, Gerhard hätte vor der Geburt von Prinzessin Marie mehr getan als heute, und zur Zeit entwickele er sich langsam, aber stetig zum Pascha, worauf sie keinerlei Lüste verspüre.
Sie haben nun – so Vanessa – einen regelrechten Zeit- und Aufgabenplan für ihr Puppenheim erstellt, nach dem künftig das Notwendige abgeleistet werden soll.
Aber nun kommt der *Clou*: Nach drei Monaten mütterlichen Glücks und der Lektüre Deiner Hetzbücher über Sozialisation muß der arme Gerhard sich nun offensichtlich mit dem Gedanken abfinden, statt eines freundlichen Weibes einen feministischen Sprengsatz geehelicht zu haben. Vanessa ist zur Zeit der festen Ansicht (und sie vertritt diese in etwa so stur wie vor wenigen Monaten die Entscheidung für ihre Schwangerschaft!), daß ihre Tochter ab sofort *männliche* Zuwendung möglichst in Form des Papas benötigt, und dieses täglich und in zunehmendem Maße. Gerhard ist, soweit ich das mitkriege, ein überaus friedlicher Mensch, der sogar bereit ist, sich mit Kindererziehung auseinanderzusetzen. Mir scheint (wenn es denn so etwas gibt), er liebt meine etwas exaltierte Tochter wirklich und seine noch dazu. In der heiligen Familie im Grünen wird also derzeit debattiert, a) ob es von Vorteil wäre, wieder in die Stadt zu zie-

hen, womöglich in eine Wohngemeinschaft (!), b) unter welchen Umständen Vanessa wieder studieren könne, c) ob Gerhard Elternurlaub nimmt und/oder d) ob er seine Wochenarbeitszeit reduzieren kann.
Das wirkliche Problem liegt bei den Finanzen. Die jetzige Wohnung ist zu teuer. (Das habe ich ja gleich gesagt!, verkniff es mir aber. Ich habe allerdings meinen monatlichen Obolus wieder angeboten.) Gerhard ist offenbar weniger karrieresüchtig, als ich ihn eingeschätzt habe. Vielleicht hat er auch Ärger bei der Arbeit? – Nun, ich bin anscheinend schon wieder mißtrauisch, und dabei ist diese Entwicklung doch vielmehr ein Grund zur Freude.
Das Erstaunliche an den beiden ist, daß sie offensichtlich eine Gabe dafür besitzen, auch grundlegendere Differenzen ohne Hyperstreß zu bewältigen. Sie reden meistens eher lustig miteinander über ihre Schwierigkeiten. »Das Problem«, so Vanessa, »besteht darin, daß ich plötzlich Mutter bin und Gerhard Vater ist.« – Ich mußte richtig lachen, habe mir aber Mühe gegeben, nichts dazu zu sagen.
Vanessa benimmt sich wie eine hartgesottene Feministinnentochter. Ich gerate in Versuchung, den armen jungen Mann in Schutz zu nehmen, der von diesem Miststück, das meine Tochter ist, verführt wurde, geheiratet und schwupp! – jetzt steht er da und muß kuschen! (Nein, nicht immer, aber bisweilen habe ich solche Gedanken. Richtig ist es ja, zumindest richtiger als das Vorhergehende, was da ausgebrütet wird. Mich stört ein bißchen die Sprunghaftigkeit und schnelle Begeisterung. Vielleicht bin ich doch schon alt und verknöchert?)
Ruf mich bitte an, wenn Du wieder da bist. Ich würde gerne wissen, was Du von der Angelegenheit hältst.
Liebe Grüße, auch an den Sohnvater und das Vatersöhnchen!

Vivian

Nachsatz: Mein Liebster ist übrigens hier und besucht mich. Schade, daß nicht Sommer ist – es gibt kaum etwas Schöneres, als verliebt an der Elbe spazierenzugehen. Das kann man natürlich auch im November – und wir haben es gestern sogar bei Nieselregen und Wind praktiziert. Manchmal habe ich den Eindruck, daß uns grauhaarigem Pärchen die Leute nachschauen! Andere Leute feiern in diesem Alter ihre Silberne Hochzeit und sehen sich langsam ähnlich ... Ach Ruth, mir gefällt's! Soll ich Dir den Herrn bei Gelegenheit einmal vorstellen?

Weimar / 10. November 1994 / 11.30 Uhr

Liebe Vivian,
ich war in den vergangenen Tagen ein wenig mit Streß beladen, da wir (Rolf und ich) uns kurzfristig entschlossen haben, gemeinsam – ohne Jan – zu verreisen. Zwar nur vier Tage, aber immerhin. Ich hatte so viele Überstunden, daß meine Kolleginnen einverstanden sein mußten! Jan ist bei seinem Freund aus der Klasse untergekommen. Die Mutter von Alex ist eine richtig nette Frau.
Jedenfalls sitze ich jetzt genau wie Du neulich in Stockholm, in einem Weimarer Alternativcafé in einem uralten Haus (in dem angeblich Goethe seinerzeit kurz wohnte) und schreibe Karten und Briefe. Zwar ist es nicht Stockholm, dafür verstehe ich aber die Speisekarte! Und ich genieße es, mal woanders zu sein, ohne Arbeit, ohne meine Problemfrauen, ohne meinen Sohn und statt dessen mit meinem Liebsten, den ich zwar schon lange kenne, aber nicht in Weimar. Wir wohnen bei Freunden von Freunden einer Kollegin in einer ziemlich heruntergekommenen Wohnung mitten in der Stadt (Wohngemeinschaft? Ich blicke nicht ganz durch). Ich habe bereits viel Goethe und Schillerkram besichtigt. Für morgen habe ich einen Termin im Frauenzentrum abgemacht, denn es interessiert mich auch, was die hier so treiben.
Diese Reise ist gedacht als »Lustreise« für uns beide, sozusagen als verlängertes gemütliches Gespräch über unsere ganz persön-

liche Familienplanung (dieses Wort gefällt mir, auf mich selbst bezogen, nicht besonders).
Gestern abend haben wir lange mit unseren Gastgebern diskutiert, genaugenommen, bis heute früh gegen 3.00 Uhr. Es sind mindestens zwei Männer und eine Frau, die mit dem einen wohl verheiratet war (ist?) und eine große Tochter hat. Die Wohnung ist riesig, ich glaube, sie hat sieben Zimmer, jedoch feuchte Wände, und dauernd gehen Leute ein und aus. Ich habe bis jetzt nicht ganz durchschaut, wer da wohnt und wer nur zu Besuch ist. Die Leute sind, soweit ich es verstehe, eine Art kritische DDR-Altlinke, um die 40, und der »Wiedervereinigung« gegenüber mit gemischten Gefühlen eingestellt. Die drei Dauerquatscher haben im Neuen Forum mitgewirkt, die Frau ist beim Unabhängigen Frauenverband aktiv. Und alle drei haben ihren damaligen Job verloren (Betriebe dicht) und ziemliche Prügel bezogen durch die Wiedervereinigung.
Wie Anfang des Jahres in Dresden habe ich den Eindruck, daß hier im Osten andere Probleme als bei uns die Debatten bestimmen und es andere Grundwertigkeiten gibt. Die Frauen kommen mir in irgendeiner Weise selbstbewußter, nein, selbstverständlicher, vor. Vielleicht bilde ich mir das aber auch nur ein.
Unser »Rollentausch« bei der Betreuung von Jan ist hier in unserer Gastwohnung nichts Besonderes, da dieses Paar das auch so arrangiert hat. Die Tochter, Katja, ist allerdings schon 20 Jahre alt.
Soweit ich sehe, haben die Frauen hier relativ früh, jedenfalls früher als bei uns, Kinder gekriegt, während des Studiums oder der Berufsausbildung. So verhielt es sich ja auch bei meinen Dresdner Gesprächspartnerinnen. Voraussetzung dafür war natürlich, daß es genügend Krippen gab, auch für Studentinnen und in den Betrieben ... Meine Gastgeber wiesen es übrigens weit von sich, daß *alle* Kinderhorte in der DDR gruselig gewesen wären. Katjas Krippe (an der Leipziger Uni) hatte angeblich Schlüsselzahlen von 17 Kindern, und niemand hätte die Kinder zum Kollektivkacken auf den Topf gezwungen ...

Gleich kommt Rolf – er wollte unbedingt noch in einige Antiquariate gehen –, und ich verabschiede mich von Dir! Morgen ist unser letzter Tag hier. Am Vormittag fahren wir noch nach Buchenwald mit unserem Gastgeber; er kennt sich dort aus. Ich wollte erst am letzten Tag hin, um nicht die ganzen Tage an das KZ denken zu müssen.

Liebe Grüße von Deiner Ruth (und auch von Rolf)

Kassel / 12. November 1994 / 23.30 Uhr

Liebe, liebe Vivian!
Wieder zu Hause fand ich Deinen witzigen Vanessa-Brief. Ich verstehe Deine Skepsis gegenüber den Veränderungen. Doch ich finde, Du solltest Dich einfach freuen und den armen Gerhard nicht bemitleiden. Er war doch, soweit ich informiert bin, durchaus begeistert von der Schwangerschaft und hat es genauso darauf angelegt wie Deine Supertochter! (Wenn das so weitergeht, werden die beiden irgendwann noch beim Rollentausch landen. Mein »guter Einfluß« wirkt sich also aus!)
Ja, doof ist schon, daß all diese Dinge immer auch von finanziellen Bedingungen abhängig sind. Gibt es nicht die Möglichkeit eines Stipendiums für Vanessa? Die beiden machen, soweit ich informiert bin, übrigens gerade eine typische Phase durch, die fast alle jungen Eltern bei uns erleben. Es gibt Untersuchungen, die herausfanden, daß das erste Kind ein *Krisenauslöser* für die Beziehung ist, u. a. weil die Aufgaben im Haushalt neu verteilt werden (was durch die Daueranwesenheit der jungen Mutter zu Hause wiederum verstärkt wird).
Unsere Weimar-Reise war in ihrer letzten Phase noch sehr anstrengend und hatte mit »Lustreise« überhaupt nichts mehr zu tun. Wir sind mit Helmut, unserem Gastgeber, auf den Ettersberg gefahren: scheußliches Wetter und insgesamt totaler Reinfall. Die Gedenkstätten-Ausstellung ist seit Oktober wegen Renovierung und Neukonzeption geschlossen. So haben wir letzt-

lich nur das riesige, relativ leere ehemalige KZ-Gelände sehen können und die Kerkerzellen für die Todeskandidaten. Helmut hat uns viel erklärt und auch einige Bücher geliehen. Mir war völlig unbekannt, daß in diesem Lager auch viele jugendliche und sogar Kinder (ausschließlich Jungen) gefangengehalten wurden. Ich fand das unvorstellbar, zumal es irgendwie im Widerspruch zu dem steht, was ich allgemein über die Nazizeit weiß.

Abends haben wir wieder mit den Leuten in der WG zusammengesessen, und dabei stellte sich heraus, daß die Frau unseres Gastgebers Historikerin ist und entsprechend viel über NS-Geschichte (nicht nur Buchenwald betreffend) wußte. Mehr als Helmut ... Es ist anscheinend auch über ehemalige Ländergrenzen hinweg so, daß Frauen bescheidener auftreten, aber oft kompetenter sind als Männer ...

Für mich hat sich durch diesen Besuch und die nachfolgenden Gespräche etwas verändert, weil mein Wissen über Frauen und Kinder in der Nazizeit vor allem bestimmt war von Mutterkult, Mutterkreuz und diesen Fotos mit Hitler und Kindern ... Daß auf der anderen Seite Hunderttausende von Kindern ermordet und verfolgt wurden, habe ich bisher gar nicht so genau gewußt – vielleicht auch nicht wissen wollen oder an mich herangelassen.

Auf der Heimfahrt nach Kassel herrschte zwischen Rolf und mir eine merkwürdige und angespannte Stimmung. Wir waren beide müde und in Gedanken versunken, gleichzeitig etwas enttäuscht, weil aus unserem guten Vorsatz, über unsere weitere Zukunft zu sprechen, so wenig geworden war. Ich bin also noch genauso schwankend wie vor einigen Wochen und weiß nur eines mit Sicherheit: keine Spirale mehr!

Jan hatte ein bißchen Heimweh nach uns (oder nach Rolf?) und fand es doof, daß wir ihm nichts mitgebracht haben ... Ehrlich gesagt, hatten wir das vorgehabt, aber über diesem letzten Tag vergessen.

Übermorgen hat meine Mutter Geburtstag. Sie wird 55 Jahre alt, und wir veranstalten eine richtige Familienfeier mit Schwestern, Cousins und Tanten und was sonst noch so dazugehört. Ich freue mich, die anderen alle wiederzusehen, aber ich finde auch gut, daß solche Festivitäten eher selten auf der Tagesordnung stehen. Ich fahre mit Jan alleine hin, weil Rolf erstens keine große Lust auf meine »Familie« hat und zweitens endlich mal ein, zwei Tage Ruhe für seine Arbeit benötigt.

Liebe Grüße! Deine Ruth

Hamburg, Sonntag, den 13. November 1994

Heute haben wir Einjähriges, liebste Ruth! Ich trinke ein Glas Sekt auf Dich, meine liebe Kasseler Freundin, und wünsche Dir, daß Dir das nächste Jahr viel Gutes bringt!
Und dabei hatte ich gar keine Lust damals, zu dieser »Frauenstreik-Konferenz« nach Kassel zu fahren. Wer konnte auch ahnen, daß ich während der Dreharbeiten bei einer klugen, emanzipierten Nicht-Ehefrau und Sohn-Mutter unterkomme, die es außerdem noch liebt, eine gute Flasche Wein im Kühlschrank zu haben und Briefe zu schreiben?
Das ist ein Glückwunschjubiläumsbrief!!! Ich mag Dich sehr!!!
(Ist Dir das nicht peinlich, mit so einer Alten wie mir befreundet zu sein? Paß auf, ehe Du Dich's versiehst, werde ich in die Wechseljahre kommen, befremdliche Dinge von mir geben und Dich unter Schweißausbrüchen beklauen! Ja, ich gebe zu, daß diese Sätze ein wenig frauenfeindlich und vor allem von Vorurteilen beladen sind. – Du brauchst darauf nicht zu antworten.)
Ach, Ruth! Das Jahr ist schnell vergangen, und wenn Du mir an jenem Abend 1994 in Deiner Küche prophezeit hättest, daß ich bald Großmutter sein würde, wäre ich wahrscheinlich beleidigt abgereist. Und nun ist das kleine Monster schon fast ein Vierteljahr alt, und auch die dazugehörige Mama scheint mir älter – und weise – zu werden …

Du lagst vermutlich richtig damit, daß Vanessa sich schon berappeln wird und einige unserer Auseinandersetzungen auf eine typische Mutter-Tochter-Beziehung deuten. Ich habe mich ja nun ein wenig weitergebildet und zumindest einen Teil der Bücher gelesen, die Du Vanessa mitgebracht hattest (u.a. Jessica Benjamin). Diese Psychotanten – Du kennst meine Vorbehalte! – sind interessant, und ich gebe zu, daß einige ihrer Ideen mir sehr schlüssig erscheinen. Es sind sicher auch unbewußte Erinnerungen und »Abgrenzungsprobleme«, die Vanessa und ich erleben, und ich bin froh darüber, daß ich nun ein bißchen mehr über diese geheimen Spannungen zwischen uns weiß.
Ich bin der Meinung, daß es immer gut ist zu *wissen*, doch ich habe mich seit Ende der 70er Jahre nicht mehr mit Sozialisationstheorien oder Erziehungsfragen beschäftigt. Der I-Punkt unserer Diskussionen im Kinderladen und in der WG war die Aufhebung der unterschiedlichen Mädchen- und Jungenerziehung. Die Einschränkungen und der Drill für die Mädchen sollten vermieden werden, und ich bin überzeugt davon, daß uns das auch in großem Umfang gelungen ist. Vanessa war – ist??? – ja ein starkes Mädchen geworden; es gibt Fotos, auf denen sie aussieht wie so ein Powergirl in einem Cartoon von Franziska Becker ...
Ertappt! – Hast Du es bemerkt? *War* ein starkes Mädchen, schrieb ich und wurde gleichzeitig unsicher. Es fällt mir immer noch schwer, diese Heiraterei und auch Vanessa als *Mutter* zu akzeptieren. Ich habe vermutlich Angst und hege den Verdacht, daß meine tolle feministische Tochter in die Fußtapfen ihrer Großmütter tritt, statt die Chancen, die sie hat, wahrzunehmen. Es gibt für einen solchen Verdacht wahrlich viele Gründe, das mußt Du mir entschuldigend zugestehen. Andererseits bin ich offensichtlich in eine klassische Mutterfalle geraten mit meinen Vorstellungen darüber, wie Vanessas Leben auszusehen hat: nämlich so wie meines, nur besser. Also kein Baby während des Studiums, und erst einen guten Job, ehe ein Kerl sie anrührt. Ich muß über mich selbst grinsen ...

Und noch etwas, liebe Ruth: Diese Arbeit von Barbara Reichle (»Die Geburt des ersten Kindes – eine Herausforderung für die Partnerschaft«) hat Vanessa und Gerhard sehr geholfen. Sie fanden es amüsant zu lesen, daß ihre Situation so viele typische Merkmale aufweist, und meinten ebenso amüsiert, es sei eine Herausforderung, diese zu ändern. Gerhard gab sich geschlagen, als er die Statistiken über junge Väter und Hausarbeit gelesen hat. »Na, dann ändern wir die Statistik eben mal«, war seine Reaktion. Er ist wirklich ein netter Kerl.
Und Vanessa fand es fast zum Piepen nachzulesen, wie *normaltypisch* sie sich – scheinbar individuell – mit Marie-Baby verhält ... Die beiden gehen ganz anders als ich mit derartigen Informationen um. Ich bin immer gekränkt, fühle mich ertappt, wenn mir jemand Normalverhalten nachweist; sie finden das eher spannend und erheiternd. Sind sie sich ihrer sicherer als ich?

Vivian

Kassel / 13. November 1994 / 23.00

Liebe Vivian,
entschuldige, daß ich Dir schon wieder schreibe. Doch ich sitze hier und grüble, und manchmal hilft es ja, wenn man die Gedanken, die durch den Kopf gehen, aufschreibt. Mit Rolf kann ich zur Zeit nicht gut reden, jedenfalls kommt es mir so vor. Zwischen uns ist eine recht gereizte Stimmung, die damit zu tun hat, daß wir immer mehr Differenzen haben.
Ich habe Dir ja erzählt, daß ich im Sommerurlaub einige Male der Meinung war, daß Rolf mit Jan nicht so umgeht, wie ich es mir wünsche. Es sind meist Kleinigkeiten. Aber ich möchte ja auch nicht permanent wie eine gluckige Meckerziege auftreten, zumal Rolf ein sehr enges Verhältnis zu Jan hat und ich manchmal fürchte, sowieso eine schlechte Mutter zu sein.

Heute ist mir jedoch der Kragen geplatzt, denn ich fand die beiden unerträglich. Seit Jan zur Schule geht, entwickelt er zunehmend Allüren, die ich von ihm nicht kenne: Er kommt mit den frauenfeindlichsten Kraftausdrücken nach Hause, bezeichnet Mitschülerinnen als »Schlampe« oder »Nutte« und behauptet auf einmal, Mädchen seien doof. Auf der anderen Seite scheint er so etwas wie Angst und Bewunderung gegenüber einigen größeren Jungs zu haben; er will Unterricht in Kampfsport nehmen und verkündete gestern, er müsse unbedingt sein Taschenmesser (!) mit in die Schule nehmen. Ich habe es ihm nicht erlaubt, zumal auf dem Elternabend ausdrücklich darum gebeten wurde, auf »Waffenfreiheit« im Schulranzen zu achten. Rolf fand meine Reaktionen überzogen. Jan müsse sich doch unter den anderen Jungs »bewähren«, einen guten Stand haben usw.
Anlaß unseres Streits war aber nicht einmal das, sondern das profane Thema Hausarbeit und Aufräumen. Jan verweigert in den letzten Wochen immer häufiger Dinge, die früher zu den Selbstverständlichkeiten gehörten. Oft räumt er nicht einmal mehr seinen Teller weg, nachdem wir gegessen haben. Und gestern – er hatte ja, während wir in Weimar waren, bei seinem Freund gewohnt – wurde er richtig bockig und meinte: »Alex muß auch nicht aufräumen, das ist Frauensache – nur bei uns nicht.« Und darauf Rolf: »Du hast eben eine Rabenmutter, die keine Lust auf Aufräumen und Kochen hat.«
Weißt Du, Vivian, ich glaube, daß das gar nicht böse, sondern eher scherzhaft gemeint war, aber Rolfs Stimme hatte so einen Unterton, der mich hellhörig machte. Als ich ihn fragte, wie ich das denn zu verstehen habe, legte er auch gleich los: »Du mußt doch zugeben, daß bei uns alles drunter und drüber geht und nicht *normal* ist!«
»Ach, der Herr hätte also gerne eine normale Familie und eine Hausfrau, die Sohnemann den Hintern abputzt und Ihnen die Pantoffeln reicht?« Mit dieser Frage war der gemütliche Familienabend dann gelaufen, und Rolf zog sich schmollend in sein Zimmer zurück. Zwei Stunden später, also vorhin, startete ich noch einen Gesprächsversuch, der leider wieder damit endete,

daß Rolf mir Vorhaltungen machte. Ich würde Jan überfordern, nicht genügend loben, nicht bemerken, daß es sich um einen *Sohn* handele. Es sei doch nicht so schlimm, wenn er auch einmal stark sein wolle, schließlich müsse er ein Mann (!) werden und Ellenbogen zeigen, um sich später durchboxen zu können ... Ob ich denn wolle, daß aus Jan ein Mädchen gemacht würde oder ein Schwuler!

Puuhh! Und solche Sprüche von meinem vielgelobten Hausmann!!!

Ich habe Rolf doch nicht dazu gezwungen, zu Hause zu arbeiten. Das hat sich so ergeben, als Jan klein war, erst durch das Studium und dann durch die Doktorarbeit. Er *wollte* es, fand es witzig, »Rollentausch« auszuprobieren, und hat damit nicht selten in der Verwandtschaft und bei seinen Freunden angegeben. Das letzte Mal an seinem Geburtstag vor drei Wochen ...

Und daß er schwulenfeindlich argumentiert, war mir bis heute schlicht unbekannt. Das kann ja heiter werden!

Ich bin jetzt ein bißchen fassungslos, habe aber auch ein diffuses schlechtes Gewissen. Denn sicherlich hat Rolf langsam die Nase voll davon, hauptsächlich für Kochen, Putzen und Waschen zuständig zu sein, vielleicht sogar von Jan. Aber diese Art Arbeitsteilung hat sich bei uns immer mehr eingeschlichen, einfach, weil Rolf viel öfter in der Wohnung ist als ich. Doch so kommt er nicht richtig zum Schreiben an seiner Dissertation, offensichtlich findet er kein Ende damit, warum auch immer. Ich weiß gar nicht, was wäre, wenn er nicht die Erbschaft gemacht hätte, sondern wie ich irgendwo Geld verdienen müßte ... Vielleicht wäre das sogar besser, zumindest für sein Ego?

Nun, ich glaube jedenfalls, wenn wir noch ein Kind hätten, müßten wir eine andere Aufteilung als bei Jan finden.

Liebe Vivian, wie hast Du das bloß alles geschafft? Oder ist es leichter, eine Tochter zu haben und alleinerziehend zu sein?

Gute Nacht wünscht Dir Deine Ruth

P.S.: Heute kennen wir uns ein Jahr! Ich glaube, vor einem Jahr ging es mir erheblich besser als heute ...
Liebe Grüße an Vanessa!

Hamburg, Mittwoch, den 16. November 1994 (Bußtag!)

Liebste Ruth,
schön, daß Du wieder zurück bist aus der Kulturstadt Weimar!
Gleich zwei Briefe von Dir lagen auf dem Poststapel, als ich heute aus der Redaktion heimkam. Der aus Weimar hat sage und schreibe fünf Tage für den Weg in meinen Postkasten benötigt!
Ich bin am Wochenende bei meinem neuen Liebsten gewesen – ich verrate es Dir: Er wohnt in Frankfurt, ist ebenfalls Journalist, hat eine erwachsene Tochter und einen kleinen Sohn, ist geschieden, natürlich wunderschön und klug und selbstverständlich gut im Bett!
Ich bin also zweimal mit dem ICE ganz in Deiner Nähe vorbeigefahren. Kannst Du mir das verzeihen?
Der Besuch in Frankfurt war schön, um nicht zu sagen hinreißend, er hat mir aber dennoch gezeigt, daß ich mich besser zur Liebhaberin denn Familienmutter eigne. Ich habe seinen neunjährigen Sohn, der gerade bei ihm war, kennengelernt. Und ich mag es in meinem Alter schon lieber, wenn ich Bett und Gespräche »kinderlos« teilen kann! – Bin ich womöglich egozentrisch geworden?
Was Du zu Deinen Eindrücken im Zusammenhang mit dem Weimar-Besuch schreibst, kann ich gut nachvollziehen. Im Prinzip ging es mir vor etwa zehn Jahren ähnlich, obschon der Anlaß ein anderer war: Damals entwickelte sich hier in Hamburger Kreisen der Frauenbewegung eine Diskussion über Frauen als Täterinnen im Nationalsozialismus, und das war für mich so eine Art Aha-Erlebnis, in dem bei mir das einseitige Bild von

den vom Mutterkult unterdrückten Opferfrauen zerstört wurde. Keine Frau ist meines Wissens dazu gezwungen worden, »dem Führer« Kinder zu schenken!!! Oder KZ-Wärterin zu werden, Euthanasie-»Krankenschwester« oder Karrierefrau im rassenhygienischen Institut des »Dritten Reiches«. Und auch das Mutterkreuz war keine Zwangsangelegenheit – im Gegenteil, die Frauen haben sich beschwert und beklagt, wenn ihnen keines verliehen wurde!

Das ist ja die Krux mit den Frauen, daß sie in der Regel jede Sauerei nicht nur mitmachen, sondern auch aktiv dazu beitragen und in keiner Weise besser, heiliger oder vernünftiger sind als *die* Männer! Auch heute nicht und in früheren Zeiten schon gar nicht ...

Ich habe vor einigen Jahren eine Rundfunksendung zum Thema »Mutterliebe« in alten Zeiten gemacht, und ich kann Dir sagen, mir ist bei den Recherchen richtiggehend schlecht geworden! Und zwar einerseits wegen der Berichte über das, was die mit ihren Kindern angestellt haben (die Prügelstrafe ist geradezu eine humane Errungenschaft)! Und andererseits, weil ich bemerkte, wie mein Kopf angefüllt war von verlogenen, süßlichen Harmoniegeschichten über die »Großfamilie auf dem Land«, vom Mythos, daß früher alles besser war, ökologischer und »natürlicher« ...

Ich bin ja, genau wie Du, auf dem Land aufgewachsen, immerhin die ersten zwölf Jahre meines Lebens. Nach außen hin wirkt das sehr romantisch – vor allem für Städterinnen. Aber ich erinnere mich eher mit Graus an all die Arbeit und wie es wirklich war. Mein jüngerer Bruder wurde als Baby (das muß Mitte der 50er Jahre gewesen sein) fast den ganzen Tag irgendwo festgebunden, damit er nichts anstellen konnte. Denn es gab viele Unfälle: Ein kleiner Junge geriet mit dem Arm in eine Dreschmaschine, und ab war er; ein Baby von Nachbarn fiel in einen Schlachtkessel mit siedendem Wasser und starb. Ein Mädchen, mit dem ich zur Schule ging, heiratete mit knapp 14 Jahren, weil sie schwanger war ... Auch diese Dinge hatten ja früher eine andere Bedeutung als heute. Zum Beispiel habe ich mitgekriegt, wie die Frauen über illegale Abtreibungen tuschelten bzw. sie auf eine mir unbekannte Weise selbst vornahmen. Und das war alles andere als romantisch *frauenbewegt*, sondern zog heimliche Arztbesuche, Küchen voller Blut und in einem Fall sogar Polizei und Knast nach sich …

Jetzt bin ich regelrecht im Grauen meiner Jugend gelandet, und während ich das aufschreibe, fällt mir auch ein, daß ich damals wirklich lieber ein Junge gewesen wäre! – Was habe ich zu meiner Entschuldigung vorzubringen? Zum einen durften die auch real mehr, und wir mußten uns zumindest im öffentlichen Raum »gesittet« und »wie ein Mädchen« benehmen. (Ruth, kannst Du *knicksen* und beim Sitzen die *Knie zusammenhalten* und *bescheiden* sein?) Zum anderen bestand aber auch eine dunkle Furcht vor Sexualität und Erwachsenwerden und gleichzeitig ein Bewußtsein dafür, daß Frausein Arbeit, Eingesperrtsein auf einem Hof, in einer Küche und im Stall bedeuten.

Ach, Ruth, verzeih diesen kleinen Rückblick in alte Zeiten. Ich bin gerade sehr froh darüber, daß ich weder auf dem Lande lebe noch Ehefrau auf einem Bauernhof geworden bin! Ich bin auch froh, daß ich hier in Hamburg lebe, so schwierig das mit Vanessa und dem Stadtleben oft war. Aber wir hatten den Kinderladen, und ich bin nie ernsthaft als Mängelwesen beschimpft worden, weil ich eine Mutter ohne dazugehörigen Kindsvater war.

Auch die Vorstellungen von den angeblich per se so kinderlieben Menschen in den südlichen Ländern habe ich immer mit etwas skeptischer Verwunderung registriert. Ich erinnere mich, wie entsetzt ich sowohl in meinem kleinen Misturlaub auf Mallorca als auch während eines längeren Aufenthaltes mit Kleinkind Vanessa in Italien war, als ich die kleinen Kinder dort an vielbefahrenen Straßen, um nicht zu sagen Autobahnen, *spielen* sah!

Nein, ich befürchte, Romantik ist – sowohl frühere Zeiten als auch andere Länder betreffend – bloß eine Utopie.

Ich möchte weder im Mittelalter noch im Nationalsozialismus noch heute als arme Frau in Afrika, Lateinamerika oder auf den

Philippinen leben. Vielleicht würde ich das anders ausdrücken und beschreiben, wenn ich dort lebte? (Wenn ich meine eigenen Worte lese, habe ich den Eindruck, sie sind beinahe ein wenig arrogant und rassistisch.)
Sag etwas dazu, liebe Ruth! Eine wunderschöne gute Nacht wünscht Dir Deine unmoralische und alleinstehende Gerne-Großstädterin Vivian

Hamburg, Donnerstag, den 1. Dezember 1994

Liebe Sohnmutter Ruth!
Entschuldige, daß ich erst heute auf Deinen letzten, sehr sorgenvollen Brief vom 13. November antworte. Ich hatte arbeitsmäßig sehr viel um die Ohren und zudem Besuch von einer befreundeten Kollegin aus Brüssel.
Es ist ja beinahe amüsant, daß wir uns gleichzeitig und unabgesprochen an unserem Jahrestag über geschlechtsspezifische Sozialisation geschrieben haben. Das Thema scheint also, wie an uns beiden klugen Frauen zu sehen ist, *nicht* überholt zu sein!
Aber Spaß beiseite. Dein Brief ist so traurig, daß ich gar keine guten Worte habe, Dir etwas wirklich Tröstliches zu sagen. Ich meine *nicht*, daß Du ein schlechtes Gewissen haben solltest, zumal Rolf ja, wie Du selbst schreibst, nicht von Dir zu seinem Hausmann-Unglück gezwungen worden ist. Vermutlich müßt Ihr in der Tat etwas verändern. Ich weiß nicht, ob ich damit richtig liege: Aber Ihr lebt ja – trotz Rollentausch – genau besehen wie eine richtige Kleinfamilie zusammen, auch wenn Rolf die »Hausfrau« ist, etwas Geld besitzt und Ihr nicht verheiratet seid. Und vielleicht liegt da der Hase im Pfeffer. Ich bin fest davon überzeugt, daß dieses abgeschottete Lebensmodell (Paar mit Kind) in den allermeisten Fällen Nachteile birgt und für die (ob Frau, ob Mann), die zu Hause arbeiten, Einsamkeitsgefühle mit sich bringen muß. (Nein, Ruth, *alleinerziehend* war ich strenggenommen nie mit Vanessa, denn in den Wohngemein-

schaften lebten ja Miterziehende. Vanessa hatte fast immer mehr als eine oder zwei Personen, auf die sie losrennen konnte und mit denen sie auch etwas zu tun hatte.)

Schwieriger ist in meinen Augen, was Du über Jan und dessen Probleme berichtest. Ich kann mir – besonders nach der Lektüre Deiner empfohlenen Bücher – gut ausmalen, daß kleine Jungs es heute bei uns auch nicht gerade leicht haben. Jan hat zwar einen Vorteil durch Eure Rollentauschkiste und den anwesenden Vater, aber vermutlich ist – leider – etwas Wahres daran, wenn Rolf sagt, Jan müsse auch in der »Männerwelt« klarkommen. Ich weiß allerdings nicht, wie das praktisch auszusehen hat, um allen gerecht zu werden …

Jedoch ist anzunehmen, daß unsere Kinder (die starken Mädchen und die sanfteren Buben) es manchmal auch schwer haben, sich *draußen* in der unangenehm *normalen* Welt zu behaupten.

Bei Vanessa hatte ich nicht selten den Eindruck, daß sie zumindest phasenweise die Nase voll hatte vom Anderssein. Sie wollte eine Zeitlang unbedingt Kleider tragen; später hatte sie eine langwierige Schmink- und Modezeit und beteiligte sich auch am kollektiven Bravo-Lesen und den Träumen vom Reiten und Pferdepflegen. Ein Unterschied mag aber darin bestehen, daß sie nie Verhaltensweisen an den Tag gelegt hat, die nicht von irgend jemandem honoriert worden sind. Von mir wurde sie eher darin ermutigt, selbstbewußt und mit Power aufzutreten und sich ruhig dreckig zu machen. Wenn sie einen Rock trug oder sich die Haare aufband und »braves Mädchen« spielte, wurde sie dafür von einer ihrer Lehrerinnen oder manchen Nachbarinnen gelobt. – Jan hat wahrscheinlich vergleichsweise weniger *Wahlfreiheiten*. Stell Dir einmal vor, er käme auf die Idee, im Kleid zur Schule zu gehen!

Es ist heute, denke ich, oft leichter für ein Mädchen, sich wie ein Junge zu benehmen, als umgekehrt. – Meinst Du, diese Theorie ist waghalsig?

Eine Grenze von gleichberechtigter Erziehung besteht wohl darin, daß vieles, was Frauen tun, eben nicht so anerkannt wird

wie normales männliches Verhalten. Wir selbst haben beispielsweise immer nur gefordert: Mädchen genau wie Jungen zu erziehen, niemals das Umgekehrte ... Als Vanessa klein war, gab es einen Kinderhit: »Mädchen sind genauso schlau wie Jungen.« Es gab kein Lied, das behauptet hat, Jungen seien genauso schlau wie Mädchen. – *Warum nicht*? Jungs, die sich »wie Mädchen« verhalten, werden nicht gelobt, aber Mädchen sollen ab und zu »wie Jungen« sein.
Ach, Ruth! – Schon wieder ein Sozialisationsbrief!
Ich wollte Dir aber noch von meiner Gästin berichten: Babette ist Französin; ich kenne sie von diversen Tagungen und Arbeitssituationen und habe auch schon mehrfach bei ihr in Brüssel übernachtet (in einer hinreißenden Groß-WG in einem Mietshaus, wo alle Wohnungstüren offenstehen). Babette war diese Tage in Hamburg, um eine steinalte Dame von fürstlichem Adel zu treffen, die während der Zarenzeit in Rußland gelebt hatte. Ihre Themen drehen sich sonst meist um Frauenpolitik, aber diesmal bezog sich die Recherche auf diese Adelsfamilie und deren Geschichte bis heute. Auch bei diesem Interview hat Babette eine lustige Geschichte ausgegraben: Die vornehme Dame – sie ist 97 Jahre alt – wurde von einer echten Amme aufgezogen und berichtete, daß ihre »Frau Mutter« mit den Kindern nichts zu tun hatte, sondern die angestellten Ammen, Kindermädchen und Gouvernanten beaufsichtigte (nicht die einfachen Dienstboten, dafür gab es eine Haushälterin!). Das waren Zeiten, was? – Aber noch etwas fand ich interessant an Babettes Bericht: Die Adelsdame korrespondiert offensichtlich immer noch mit der Familie resp. den Kindern und Kindeskindern der Amme und fühlt sich diesen beinahe verwandtschaftlich verbunden und verpflichtet. – Das ist doch lustig, oder? Zumindest spricht es dagegen, daß Verwandtschaft immer nur etwas mit Genen zu tun hat!
Babette recherchiert in Brüssel gerade über die Situation von Müttern in verschiedenen europäischen Ländern. Sie behauptet – was ich schwerlich bestreiten kann –, daß die Lage in Deutschland vergleichsweise schlecht sei, zum Beispiel im Hin-

blick auf öffentliche Kinderbetreuungseinrichtungen und Schulspeisungen. Sie will mir darüber Material schicken; vielleicht kann ich das Thema demnächst einmal aufgreifen ...
Für heute genug. Ich bin müde, und mir ist kalt. Draußen bläst ein Stürmchen. Es ist frostig.
Ich wünsche Dir alles Liebe, Ruth! – Und nicht so viel Ärger mit Deinen Männern!

Vivian

Kassel / 24. Dezember 1994 / 17.00 Uhr

Liebe Hamburger Freundin!
Ich wünsche Dir schöne Weihnachten! (Findest Du das unangenehm?)
Ich weiß ja vom Telefonieren, daß Du wieder in Frankfurt bist. Wer macht eigentlich, wenn zwei so steinalte Singles wie Ihr zusammenfinden, den weihnachtlichen *Gänsebraten* mit Rotkohl? (Das könnt Ihr doch beide nicht, oder?)
Jan und Rolf sind bei seinen Eltern zum pflichtgemäßen Heiligabend-Besuch. Ich kann mich davor mit der dummen Ausrede drücken, daß ich um diese Zeit in »Weihnachtsvorbereitungen« stecke und »die Bescherung« plane ... Wenn *die wüßten*, daß es bei uns zwar (Anbiederei an Jans – ??? – Wünsche) einen kleinen Weihnachtsbaum, ansonsten aber weder ein tolles Essen (sondern Mondamin-Backmischung Gemüsekuchen) noch eine Bilderbuchbescherung gibt ... Jan bekommt natürlich Geschenke (mit denen er nicht zufrieden sein wird, denn er kriegt keinen eigenen Fernseher!), aber Rolf und ich tun uns Derartiges nicht an. Eine Ausnahme lassen wir aber gelten: Wir werden morgen vormittag ins Weihnachtsoratorium gehen (Zugeständnis an geheime Sehnsüchte und Traditionen?).
Was Du mir über Mädchen- und Jungen-Sozialisation geschrieben hast, fand ich aufregend, besonders die Idee, daß es kleine

Jungs auch deshalb schwer haben, weil ihre »weiblichen« Anteile unterdrückt oder verächtlich gemacht werden. Ich glaube, das ist ein ernstzunehmender, wichtiger Punkt, den ich in bezug auf Jan nur bestätigen kann. Als er etwa drei Jahre alt war, hatte er zum Beispiel immer wieder Lust, sich schön anzuziehen, sogar Kleider und Lackschuhe wollte er haben (und durfte er auch, ausgeliehen von einer Freundin aus der Kindergruppe). Doch er wurde wiederholt daraufhin angemacht: »Du bist doch kein Mädchen!«
Auch Deinen Brief über das Landleben in den 50er Jahren habe ich mit Spannung gelesen, denn einiges hat mich auch an meine eigene Kindheit hier im Hessenland erinnert. Allerdings gab es zu meiner Zeit kaum noch »Höfe«, und zum Abtreiben fuhren die Frauen nach Holland. Heimlich. Wir haben es trotzdem gewußt, ich glaube, bereits mit zehn Jahren ...
Dein Brief, den ich vor mir liegen habe, aber wahrscheinlich auch diese überall vorherrschende zwanghafte Weihnachtsstimmung, haben mich ein bißchen melancholisch gemacht. Manchmal denke ich doch, ich hätte gerne viele Kinder, also vielleicht noch eines oder zwei ...? Oder eines noch kriegen und eines adoptieren? Müßte ich dann heiraten?
Irgendwie ist die Zeit mit Jan so schnell vergangen, und unserer Beziehung könnte es vielleicht auch gut tun, wenn ein bißchen »Leben« und Abwechslung hineinkäme. Ich müßte jedoch bei weiterem Nachwuchs mit Sicherheit meine Arbeit reduzieren, denn Rolf muß einmal seine Doktorarbeit beenden, sonst findet er nie einen Job. Und wenn ich meine Arbeitszeit verkürze, wird das Geld knapp trotz seiner Erbschaft, die wir ja nun auch bald aufgezehrt haben. Trotzdem. Am liebsten hätte ich noch eine Tochter ... Morgen früh sage ich bestimmt das Gegenteil!

Liebe Grüße für heute und ein schönes Fest! Deine Ruth

P.S.: Ich habe ziemlichen Streß im Zentrum. Es geht um Veränderungen unserer Arbeitszeiten (vordergründig) und das neu

geplante Konzept für eine »Problemschwangerschaftsbegleitung« – was immer das ist, jedenfalls ein Streitthema unter uns!
P.S.2: Ja, ich finde auch, daß es sich etwas arrogant anhört, wenn Du und ich sagen, wir wären nicht gerne arm und Mutter in diesem oder jenem Land. Aber trotzdem *ist* es doch so, oder?
P.S.3: Ich habe übrigens zwei interessante und wunderschöne Veranstaltungen in Kassel (!) besucht. Es gab Anfang des Monats hier ein »Festival der Komponistinnen« und diesem angeschlossen eine »Lange Konzertnacht« am 2. Dezember. Und am 8. Dezember ging ich zu einem Vortrag über die französische Komponistin Louise Farrenc mit einem sich daran anschließenden Konzert. Diese Dame hatte (Mitte des 19. Jahrhunderts) als erste Frau eine Professur am Pariser Conservatoire. Ich schicke Dir eine Kopie aus der Zeitung …

Frankfurt, Samstag, den 31. Dezember 1994

Liebste Ruth auf dieser Erde!
Ich wünsche Dir ein wunderschönes neues Jahr!
Auf daß wir uns weiterhin schreiben, mögen und besuchen,
die Probleme der Mutterschaft uns verschonen,
unsere Kinder gedeihen,
gute Feen anonyme Geldzuwendungen an uns senden
und die Männer in unserer Umgebung bezaubernd freundlich stimmen!
Vanessa geht es nicht besonders gut. Die Diskussionen und Verhandlungen in Sachen der von ihnen geplanten Krabbelgruppe stagnieren; eine der beteiligten Mütter ist ausgestiegen, zwei andere sind zwar dazugekommen, aber die Behörde hat signalisiert, daß es vorerst keinerlei finanzielle Unterstützung geben wird. Prinzessin Marie macht hingegen Sitzversuche und futtert selbständig matsch- und patschhändig, ihre nähere und weitere

Umgebung verschmutzend, Karottenbreichen. Ich hatte die Ehre, das zweimal genauer zu beobachten, da die junge Mutter mir das Enkelkind einmal abgesprochen und einmal unabgesprochen für mehrere Stunden überließ, um eigenen Vergnügungen nachzugehen.
Gerhard hat eine vorläufige Änderung seiner Arbeitszeit durchgesetzt: Er hat jetzt freitags frei und arbeitet statt dessen täglich fast zwei Stunden länger. Über dieses lange Wochenende kümmert er sich selbständig um Marie, mit Ausnahme des Stillens natürlich. Aber Vanessa pumpt auch ab und verzieht sich vom Geschehen. Das Geheimnis ihrer Ehe durchblicke ich nicht. Denn anscheinend haben sie doch erheblich andere Vorstellungen als die mir bekannten.
Sie erwägt nun die Möglichkeit, weiterzustudieren, will aber vorher versuchen, über eine Stiftung an ein Stipendium zu kommen.
Ich war über Weihnachten nicht in Frankfurt, bin es aber jetzt. Mein geliebter Liebhaber (er heißt Jochen) war über die heiligen Festtage auch nicht bei mir, sondern hat weihnachtliche Familienpflichten bei Sohn-Mutter und alten Eltern erfüllt. Und auch ich habe meiner Tochter samt Marie und dem Angetrauten eine kleine Familienfeier beschert. In diesem Zusammenhang verbitte ich mir anzügliche Bemerkungen über meine Kochkünste als ältere Single-Dame und Feministin. Es gab *selbstverständlich* Gänsebraten mitsamt Rotkohl, Preiselbeeren und selbstgefertigten Kartoffelklößen! Marie mochte die Klöße aus lauter Familienbewußtsein anscheinend auch. Und Vanessa ließ es zu, obgleich sie sonst relativ streng auf die Nahrung der viereinhalb Monate alten Luxusdame achtet. Allein das war schon ein Symbol hochweihnachtlicher Harmonie!
Zwischen Weihnachten und vorgestern hatte ich sehr spannenden Besuch: Zwei Journalistinnen aus Kenia (eine lebt allerdings seit zehn Jahren in London) wohnten bei mir, um an einer Tagung in Hamburg teilzunehmen. Wir hatten zwar nicht sehr viel Zeit füreinander, sie reichte aber für den Austausch von Kochrezepten – ich kann jetzt eine wunderbare Erdnußsoße zu

Rindfleisch und Kochbananen zaubern – und vor allem mehrere Gespräche über Frauenpolitik, Familie und Familienplanung. Die eine Kollegin hat fünf Kinder zwischen elf und 22 Jahren, die andere »nur« drei. Und es sind beides Frauen, die rund um die Uhr politisch aktiv sind und berufstätig noch dazu! Ich war insgeheim schockiert, und wenigstens eine der beiden war es auch von mir, weil sie es völlig unpraktisch und unverständlich fand, daß Vanessa mit ihrem Töchterchen nicht bei mir wohnt und ich nicht auf die Kleine aufpasse, während Vanessa studiert. Sie vermuteten, daß ich einsam sein müsse in meiner Wohnung, und ich unterstellte ihnen, daß sie völlig überlastet sein müßten, denn sie leben nicht nur mit ihren Kindern und Ehemännern, sondern auch noch anderen Verwandten zusammen (die Wahl-Londonerin mit ihrem Clan in mehreren Wohnungen eines Mietshauses). Es war aber insgesamt heiter, obgleich sie, als Vanessa uns besuchen kam, sich auf Marie stürzten und Gerhard gar nicht registrierten. Er war, schien mir, etwas beleidigt, denn die Stimmung in meiner Wohnung glich einem feuchtfröhlichen Frauengruppenabend, in den er da zufällig hineingeplatzt war ...

In unseren Gesprächen gewann ich den Eindruck, daß die beiden Kenianerinnen in Sachen Frauenpolitik viel kompetenter waren als ich. Sie fanden, unsere hiesigen Probleme seien dermaßen andere als die ihren, die der Frauen in den armen Ländern, daß sie kaum auf einen Nenner zu bringen seien. Dabei sieht es auf den ersten Blick ähnlich aus: Weltweit steigen die Scheidungszahlen und vor allem die Zahlen alleinerziehender Mütter. Unsere Vorstellungen von heilen »Großfamilien« woanders sind demnach völlig überholt. Nach dem, was Lydia sagte, pendeln sich die Zahlen der geschiedenen oder getrennt lebenden Mütter im Durchschnitt weltweit bei mehr als einem Drittel ein, wobei die Frauen dann vielerorts nicht so allein sind wie bei uns, weil andere Strukturen von Solidarität oder Familienunterstützung existieren. Vor allem aber sind die meisten Frauen, auch die Mütter, unter den diskriminierendsten und entsetzlichsten Bedingungen »berufstätig« und schaffen in ir-

gendeiner Weise die Nahrung für die Kinder und sich selbst heran. Diese Frauen leben *gezwungenermaßen autonom*, unabhängig von Staatsknete und Alimenten …
Unter diesen Umständen sei es nicht nur fragwürdig, sondern oft auch falsch, die gleichen Forderungen wie bei uns zu stellen. Das behaupteten jedenfalls meine Gästinnen.
Übrigens, wußtest Du, daß es in Kenia schon lange Familienplanungszentren gibt und Anfang der 90er Jahre dort 26000 (sechsundzwanzigtausend!) Frauengruppen und Organisationen gezählt wurden? – bei knapp 26 Millionen EinwohnerInnen? Oder, daß weltweit die meisten Frauen in der Landwirtschaft tätig sind und die Hälfte aller Nahrungsmittel auf der Erde von Frauen produziert werden?
Ich möchte Dir bei Gelegenheit gern mehr darüber erzählen.
Das Jahr geht schon zur Neige. Heute abend bin ich in einer grüblerischen Verfassung.

Ich umarme Dich schwesterlich, meine liebe Freundin, Vivian

Kassel / 3. Januar 1995 / 11.30 Uhr

Liebe Vivian,
ich habe Deine Telefonnummer in Frankfurt nicht. Ich sitze am Küchentisch und heule, denn ich habe gerade einen Schwangerschaftstest gemacht, und der ist *positiv*!!!!!!
Rolf ist in Göttingen bei seinem Verleger. Jan bei den Großeltern. Und ich sitze hier und weiß nicht, was ich tun soll und mit wem ich darüber reden kann.
Ich wünsche Dir auch ein schönes neues Jahr. Aber mir fängt es zu dramatisch an. Wenn Du doch anriefest!

Deine Ruth

Kassel / 4. Januar 1995 / 14.30 Uhr

Liebe Vivian,
nach meinem etwas aufgeregten Brief von gestern will ich Dich schnell ein bißchen beruhigen. Morgen bist Du wohl auch wieder zu Hause, und dann können wir telefonieren. Du wirst natürlich meckern, und das zu Recht, aber passiert ist passiert, und es muß zu einer Zeit geschehen sein, in der ich jedenfalls der Ansicht war, es könne nicht …
Nach meinen Berechnungen bin ich in der siebten Woche. Und ich bin, das ist viel schlimmer, bis jetzt noch nicht in der Lage, einen wirklichen Entschluß zu fassen. Denn einerseits würde ich gerne noch einmal schwanger sein und auch noch ein Kind haben, andererseits ist Jan nun schon so groß, und ein neues Kind würde garantiert unser Zusammenleben noch schwieriger machen. Ich kann mir zwar vorstellen, eine Zeitlang zu pausieren oder etwas anderes zu tun als die Zentrumsarbeit, ja, ich finde die Idee, für ein halbes Jahr zu Hause rumzupuzzeln, sogar witzig. Doch wovon? Und was kommt danach?
Habe ich meine »Mutterpflichten« mit *einem* Kind nicht voll erfüllt, wenn nicht sogar überstrapaziert? Es heißt ja immer, es gebe sowieso viel zu viele Menschen …
Rolf scheint mir überrascht und verunsichert zu sein. Wörtliche Reaktion: »So eine schöne Scheiße!« (Und damit hat er es genau getroffen, finde ich.) »Meinst du, wir können trotzdem noch ein Glas Wein zusammen trinken?«, war seine nächste Frage. Und das hat mir schon wieder schlechte Laune bereitet, denn ich meine, es gibt kaum eine angemessenere Situation als eine solche, um ein Glas Rotwein zu trinken. Und schon piekst das schlechte Gewissen: Schwangerschaft und Alkohol!
Dabei bin ich doch noch gar nicht richtig schwanger. Der Test behauptet es zwar, doch ich, mein Kopf, ist dafür nicht eindeutig bereit. Morgen habe ich einen Arzttermin.

5. Januar 1995 / 14.00 Uhr

Liebe Vivian!
Ich werde dieses Kind nicht kriegen! Als ich heute in diesem Frauenarzt-Wartezimmer saß, ist mir ganz schlecht geworden. Es hingen dort lauter bunte Poster mit Babys und glücklichen Müttern an den Wänden, was bei mir eher eine Art Brechreiz hervorrief. Ich mußte auf einmal an vollgekackte Windeln denken und nächtliches Geplärre und den Wochenfluß – und dann war es vorbei.
Aus mit dem Traum von einem niedlichen, rundlichen Schmusebaby, und aus mit dem Traum von der typischen deutschen Idealfamilie (Vater, Mutter, Sohn und Tochter). Schon im Sprechzimmer sagte ich: »Ich fürchte, ich bin schwanger!« Der Test war wieder positiv. Und was nun?
Ich kenn ja durch die Beratungsarbeit sämtliche Tricks. In der Akte steht jetzt, es sei mir medizinisch nicht zuzumuten, derzeit eine Schwangerschaft fortzusetzen und ein Kind auszutragen. Ein bißchen habe ich mich geschämt; in gewisser Weise empfand ich es erniedrigend, daß nun solche Lügengeschichten in meinen offiziellen »Kranken«-Papieren stehen. Es war mir unangenehm, nicht einfach sagen zu können: Ich *will* nicht! Ich will jetzt nicht!!!
Weißt Du, Vivian, was mir in dieser Situation einfiel? Ich kenne mindestens drei Frauen, die, als sie ungewollt schwanger waren, dem Arzt irgendwelche Märchen erzählt haben über Erbkrankheiten in der Familie. Wahrscheinlich ist das für die eigene Psyche weniger beschämend, auf diese Weise eine Indikation zu erhalten. Aber nach unseren Gesprächen und der Fortbildung zum Thema Eugenik neulich halte ich das moralisch für noch verlogener. Zumal ich ja, wenn ich schwanger sein *wollte*, darauf pfeifen würde, ob Rolf eine behinderte Tante hätte …
In fünf Tagen ist der Termin. Hoffentlich gelingt es uns, vorher noch zu telefonieren. Ich würde vor dem Eingriff wirklich gerne noch einmal mit Dir sprechen.

Liebe Grüße von Deiner Ruth

P.S.: Sorge Dich nicht, es geht schon! Aber telefonieren fänd ich ganz hilfreich ...

Hamburg – Kassel, Samstag, den 7. Januar 1995

Liebste angeschwängerte Freundin!
Was machst Du für Sachen?
Diesen Brief schreibe ich auf der Fahrt nach Kassel. In zwei Stunden bin ich bei Dir und bringe Dir diesen Brief mit. Ich versuche, meine Gedanken zu sammeln – und Aufschreiben ist dafür gut.
Ich bin froh, daß Du mich noch am Telefon erwischt hast. Ja klar, war ich geschockt. Ich hatte ja Deine Briefe noch nicht einmal geöffnet. Und Du warst ziemlich durcheinander ...
Das Merkwürdigste ist, daß ich das Gefühl habe, Dir gar nicht wirklich raten zu können. Denn es ist genau, wie Du schreibst und sagst: Einiges spricht immer dafür, einiges dagegen. Diese Anfälle von Sehnsucht nach einer »Familie« kenne ich auch, doch in den letzten Jahren sind sie eher selten geworden. Ich kenne auch dieses gemischte Gefühl zwischen panischer Angst und trotziger Freude, wenn der Test »positiv« ist. Ich hab Dir ja erzählt, daß ich zweimal abgetrieben habe, und heute bin ich – meistens – froh darüber. Was wäre aus mir geworden mit drei Kindern?
Was mir auffällt aus der Ferne, sind zwei Dinge: Du klammerst bei dem, was Du schreibst und telefonisch berichtest, Rolf fast immer aus. Und zweitens: Es ist schon bemerkenswert, daß selbst bei solch vergleichsweise privilegierten Frauen wie Dir, Geld, Wohnung und Angst vor Arbeitslosigkeit eine so große Rolle spielen.
Ich frage mich gerade, wie Du Dich entscheiden würdest, wenn das alles wegfiele, wir sozusagen in einer idealen Frauentraum-

welt lebten. In dieser wären dann selbstredend auch die anderen Punkte, die Du angesprochen hast, hinfällig.
Ich habe in diesen Situationen immer eher selbstsüchtig gedacht und gehandelt. Ich halte es nämlich auch für etwas fremdbestimmt und übertrieben, eine Abtreibung mit ökologischen Schwierigkeiten oder einem Atombombenversuch auf der Insel Bikini zu begründen. Ich bin der Überzeugung, daß diese Entscheidung vorrangig mit der eigenen Person zu tun hat, der Lebensplanung und – mit Verlaub – der gegenwärtigen Stimmung. Die meisten Frauen machen sich und anderen etwas vor, wenn sie über ihre »Gründe« sprechen. Vielleicht liegt es daran, daß wir in der Regel nicht gelernt haben, zu unseren Entscheidungen zu stehen?
Etwas anderes ist dieses Gefühl, selbst an einem, wie Du sagst, »bevölkerungspolitischen Feldversuch« teilzunehmen. Auch das kenne ich – vielleicht ist dieses Unbehagen zum Teil eine Folge der Beschäftigung mit diesem Thema. Mir ging es bei meiner zweiten Abtreibung so. Das muß 1986 gewesen sein, nachdem ich einen Hörfunk-Beitrag über humangenetische Beratung in Hamburg und Kiel gemacht hatte. Ich mußte, als ich die Fragen beim Arzt beantworten sollte, immerzu lachen. Schließlich wurde ich aber sauer, denn ich kam mir vor wie auf Sendung, völlig fremd, wie ein Objekt *seiner* Begierden. Als der Arzt dann sagte, daß eine Indikation allein auf Grund meines Alters (ich war 36), meiner Familiengeschichte (ich hatte bei Vanessa damals angegeben, daß es sowohl Diabetes als auch eine Tante mit Down-Syndrom in der Familie gibt) und meiner Ehelosigkeit kein Problem sei, bin ich wütend aus der Praxis gelaufen.
Ruth, es ist natürlich Dein gutes Recht zu überlegen, wie es denn aussehen könnte mit einem neuen Kind. Kinderwunsch ist etwas Merkwürdiges: Einerseits bringt er uns in große Schwierigkeiten, andererseits veranlaßt er uns doch immer wieder, über Dinge zu philosophieren, zu denen wir sonst keinen Zugang hätten.
Ruth, ich weiß nicht, ob ich zu- oder abraten kann …

Der Zug hat gerade den Göttinger Bahnhof verlassen, und in einer Stunde bin ich bei Dir.
Ich wünsche Dir, daß alles gutgeht, und freue mich auf Dich! Trotz des unangenehmen und aufregenden Anlasses.

Liebe Ruth, ich mag Dich! Vivian

Kassel / 12. Januar 1995 / 22.00 Uhr

Liebste Vivian,
nun bist Du wieder in Hamburg. Ich bin sehr froh, daß Du hier gewesen bist, sehr! Ich habe mich an unsere abendlichen Küchengespräche richtiggehend gewöhnt, so sehr, daß mir heute etwas fehlt. Ich befürchte, Rolf ist ein wenig eifersüchtig und kam sich in den letzten Tagen fast überflüssig vor, aber mir hat Dein Besuch dennoch sehr gutgetan.
Heute bin ich das erste Mal richtig erleichtert (fast froh), nicht mehr schwanger zu sein. Vielleicht liegt das daran, daß ich noch nie im Leben soviel darüber gesprochen und nachgedacht habe wie in den vergangenen Tagen. Ich weiß, das hört sich für eine »218-Beraterin« merkwürdig an – aber ich meine den *eigenen* Kinderwunsch, meine eigenen Sehnsüchte und Ängste. Und ich glaube, darüber ehrlich und offen zu sprechen haben die meisten von uns, mich eingeschlossen, nicht wirklich gelernt. Am Wochenende hatte ich den Eindruck, daß ein solches Gespräch zwischen zwei Frauen vielleicht auch leichter fällt als zwischen Mann und Frau, besonders zwischen zwei Frauen, die nicht voneinander abhängig sind oder miteinander konkurrieren. Wenn Du nicht auch Mutter wärest, hätte ich es vielleicht gar nicht gewagt, über meine *Lust* auf Schwangerschaft und Babys zu sprechen. Wenn Du aber eine (mit-entscheidende) Beraterin gewesen wärest, hätte ich es wahrscheinlich aus Angst vor Mißverständnissen nicht gewagt, über meine *gleichzeitig* vorhandenen, widersprüchlichen Gefühle in dieser Situation zu reden.

Was mir natürlich nach wie vor zu denken gibt und auch eine gewisse Scham bereitet ist die Tatsache, daß ich offenbar »gewollt ungewollt« schwanger geworden bin. Ich fürchte, Deine Beobachtung trifft hundertprozentig zu, daß ich es auf diesen scheinbaren »Schicksalsschlag« habe ankommen lassen, um Bewegung in meine Beziehung mit Rolf zu bringen und seine Reaktion zu testen ... Das war mir nicht wirklich bewußt, und Du weißt ja, es war schon gar keine Absicht. Dennoch finde ich mich mit diesem Gefühls-Chaos und seinen Folgen etwas unverantwortlich, denn es wäre natürlich sehr viel sinnvoller gewesen, ein Gespräch notfalls sogar zu erzwingen, statt schwanger zu werden.

Andererseits hast Du recht damit, daß Rolf daran genauso beteiligt ist wie ich und auch dementsprechend verantwortlich, sowohl für das Nichtreden über Jan und weitere Kinder als auch für die Schwangerschaft. Doch das ist nicht sehr tröstlich, schon allein deshalb, weil vor allem ich die Folgen, im Bauch und im Kopf, tragen muß.

Weißt Du, Vivian, so doof es klingen mag: aber ich habe in den vergangenen Tagen viel für meine Beratungsarbeit dazugelernt. Ich habe jetzt einen anderen (innerlichen) Zugang zu den Frauen, die mit offensichtlich widerstreitenden Gefühlen in die Sprechstunde kommen und vor der Entscheidung stehen abzutreiben. Insofern hat der ganze Mist ja sogar etwas Gutes – dennoch möchte ich nie, nie wieder in eine solche Situation kommen! Ich finde, es hat etwas geradezu Beängstigendes, so an die Grenzen von Moral, Zwiespalt und Ausgeliefertsein an die eigene Körperlichkeit zu geraten.

Was Du über Deine beiden Abtreibungen und Deinen Entschluß zur Sterilisation erzählt hast, hat mich teilweise sehr erschreckt, auch im nachhinein noch. Mir ist dabei klargeworden, daß unsere Nähe noch lange nicht bedeutet, daß wir alles voneinander wissen oder gar gleich sind und fühlen. Ich bin froh, daß Du so offen über Dich gesprochen hast, obwohl das bei Dir ja auch wieder Erinnerungen aufgewühlt hat und nicht leicht für Dich war. Weißt Du, Vivian, ich empfand so ein Gefühl von Ohnmacht darüber, daß *Wissen* eben auch nicht vor Schreck und Wut schützt. Ich weiß ja zum Beispiel, daß ich umgeben bin von vergewaltigten oder sexuell »mißbrauchten« Frauen – und doch trifft es mich immer wieder, wenn ich erfahre, daß auch Frauen, die ich gut *kenne*, eine solche Biographie haben. Das ist so nahe. Ich fühle mich dann wie eine, die ungerechterweise vom Schicksal begünstigt wurde ... Ich weiß, daß das Unsinn ist, aber ich fühle so.

Am meisten nachdenklich hat mich jedoch gestimmt, was Du über Deine zunächst unerkannte Schwangerschaft berichtet hast, die aus der Vergewaltigung entstanden war, und Deine Konflikte abzutreiben. Meine Vorstellung war bislang eher, daß es vergewaltigten Frauen oder Frauen, die in schwierigen Situationen schwanger werden, im Prinzip nicht sehr schwerfällt, sich für eine Abtreibung zu entscheiden.

Ich habe mir vorhin noch einmal einige meiner 218-Bücher und -Broschüren rausgekramt und bemerke, daß auf all diese Fragen sehr wenig eingegangen wird in den Diskussionen. Es ist mir früher (also bis vor einer guten Woche) nicht in dieser Schärfe klar gewesen, daß nicht schwarz und weiß, ja und nein die Antagonismen sind, wenn es um Schwangerschaft geht, sondern vielschichtige Fragen aufeinanderstoßen, auf die es wohl nie eine glasklar-eindeutige Antwort gibt ... Ich kann meine Gedanken im Moment noch nicht besser formulieren, auch, weil ich sie erschreckend und aufregend zugleich finde.

Mir geht es jetzt zum Beispiel genauso: Ich bin sehr, sehr froh, daß ich nicht mehr schwanger bin und die Abtreibung hinter mir habe – und ich empfinde trotzdem so etwas wie Trauer und Wut ... Ich kann mich nicht daran erinnern, schon einmal in meinem Leben soviel geweint zu haben wie in den letzten zwei Wochen. Wenn *das* »Selbstbestimmung« ist, dann ist das jedenfalls etwas sehr, sehr Schweres.

Ich habe übrigens vorhin mit Rolf ein schönes kleines Gespräch über meine Gedanken geführt. Er ist ebenfalls traurig, sagte er, und empfindet selbst auch Widersprüchliches. Außerdem hat er ein schlechtes Gewissen mir gegenüber, ist aber auch froh, daß wir *jetzt* nicht noch ein Kind kriegen. Seit vielen Wochen hat er mir das erste Mal wieder gesagt, daß er mich mag ...

Ich bin froh und traurig. Deine Ruth

Hamburg, Montag, den 16. Januar 1995

Liebe Freundin!
Dein Brief hat mich sehr angerührt, zumal er gleichzeitig mit den Eindrücken einer Tagung auf mich wirkte, die sich im weiteren Sinne mit dem gleichen Thema – »Selbstbestimmung« – beschäftigte. Ich bin ja, wie Du weißt, am Wochenende nach Berlin gefahren, um an der Konferenz »Selbstbestimmung hier – Zwangsabtreibungen im Süden?« teilzunehmen. Die zeitliche Nähe zu unseren Diskussionen in Deiner Küche hat mich vielleicht für manche der dort vertretenen Thesen und Referate empfänglicher gemacht.
Ich habe Wut! – Ich bin wütend auf mich, weil ich wieder einmal viele wichtige Debatten nicht mitbekommen habe; ich bin wütend auf die Fachleute, die anscheinend weltweit ihre Lorbeeren damit verdienen, an Frauen herumzuschnippeln; ich bin wütend auf die Frauenbewegung bei uns, die so wenig dagegen unternimmt; und ich bin böse auf alle Männer – alle! –, die letztlich an der Situation, wie sie ist, verdienen oder wenigstens davon profitieren.
Doch ich will kurz versuchen, meine Eindrücke, Informationen und Gedanken zusammenzufassen, damit Du verstehst, weshalb ich so aufgebracht bin: Ich fühle mich – als Frau – rundum betrogen, um meine eigenen Gefühle und Gedanken betrogen, auf den Leim gegangen, in ein gefährliches Abseits gestellt. Ich wußte nicht, daß es seit Jahren – beobachtete und kalkulierte – Experimente an Frauen gibt, die genau an den Fragen Kinderwunsch und Schwangerschaft ansetzen, und zwar nicht mit

Zwang und diktatorischem Staatsapparat im Hintergrund, sondern mit Freiwilligkeit, Emanzipation und Ökologie argumentierend. Ich wußte nicht, daß auch wir hier ausgeforscht und erfaßt werden von unverfänglichen Fragebögen beim Frauenarzt, in humangenetischen und Familien-Beratungsstellen (auch bei Euch???). Und ich wußte nicht, daß es mittlerweile sogenannte Freiwilligenprogramme gibt, die Sterilisations- und Verhütungsmethoden, Medikamente meist, austesten. Derartige Forschungsprojekte werden größtenteils von der WHO (Weltgesundheitsorganisation) durchgeführt, die ich bislang als eine Organisation eingeschätzt habe, die nützlich ist und rechtschaffen gegen Hunger und Seuchen auf der Welt eintritt.
Die Frauen auf dieser Tagung in Berlin haben zornige Referate gehalten: Die WHO zählt offensichtlich zur schlimmsten und frauenfeindlichsten Mafia, die zur Zeit politisch agiert. Wenigstens läßt sich sagen, daß sie mit verbrecherischen Leuten und Organisationen zusammenarbeitet, die rassistische und sexistische Ideologien vertreten.
Ich agitiere, ich weiß, ich rede in Schlagwörtern. Doch mir ist immer noch fast schlecht von diesen zwei Tagen in Berlin. – Verzeih mir also, liebe Ruth!
Aber, sag mir, wußtest Du/wußtet Ihr in Eurer Beratungsstelle, daß es seit 1965 ein WHO-Sonderprogramm namens »Menschliche Fortpflanzung« gibt, in dessen Namen Tausende von Frauen, wenn nicht Zehntausende, gefoltert und gegen ihren Willen »behandelt« worden sind? Zur Zeit wird ein weltweiter Versuch an Frauen durchgeführt, bei dem Verhütungsmittel auf immunologischer Basis ausprobiert werden: für die beteiligten Frauen ein lebensgefährliches Unterfangen. Auf diesem Gebiet geht es immer nur gegen die und auf Kosten von Frauen – und dort, wo sie ärmer sind als hier, viel rasanter, als wir es uns gemeinhin vorstellen. Mir war zwar bewußt, daß zwischen arm und reich, den angeblich überbevölkerten und unterbevölkerten Ländern, Unterschiede bestehen. *Wie* diese aber aussehen und sich »anfühlen«, war mir nicht klar. Und wieder einmal habe ich den Eindruck, daß ich – die ich doch Zeitungen lese! – viele In-

formationen nicht habe oder sogar falsche in meinem Kopf gespeichert sind. Die Frauen in Berlin (auch aus Bangladesch, Indien und Afrika) haben so *anderes* erzählt, daß ich mich wie erschlagen fühle. Zum einen war mir nicht bewußt, daß die heutigen Maßnahmen, Einfluß auf den Bevölkerungszuwachs zu nehmen, ihre Wurzeln bei Eugenikern haben, die schon bei den Nazis beliebt waren. Vor allem aber wußte ich nicht, oder wollte es vielleicht auch nicht so genau wissen: Überbevölkerung und Hunger in den armen Ländern haben gar keinen kausalen Zusammenhang. Die Ursachen für Hungersnöte und Seuchen, oder auch Kriege, liegen vielmehr in den reichen Ländern, also bei uns. Kurz: Wir fressen ihnen weg, was ihnen gehört, und bezahlen es nicht einmal korrekt – und selbst wenn bezahlt wird, dann verdienen aber nicht die, die produzieren ...
Es gibt unumstrittene Berechnungen, referierte die Kollegin aus Bangladesch (Du erinnerst Dich an die Fernsehbilder von den verhungernden Kindern?), wonach ihr Land selbst bei einer doppelt so hohen Bevölkerungszahl in der Lage wäre, seine eigenen und sogar noch mehr Leute von dem, was dort heute produziert wird, zu ernähren. – Das Problem bestehe nicht darin, daß es zu viele Menschen gibt, sondern daß es zu viele *reiche* Menschen gibt.
Ich lese nun ein paar Bücher über das Thema, die ich mir in Berlin und heute gekauft habe:
»Menschen nach Maß« (Christa Wichterich),
»Strange Fruit« (Ingrid Strobl),
»Gender Killer« (Cornelia Eichhorn, Sabine Grimm).
Ich kann Dir diese Bücher – ich habe jetzt noch mehr zu dem Thema – gelegentlich schicken.
Ach, Ruth – ich weiß ja: Weder ich allein kann, noch wir beide zusammen können die Welt retten. Das wäre ja nicht nur zuviel verlangt, sondern abermals Ausdruck speziell weiblicher Fürsorglichkeit, die wir doch gar nicht haben oder haben wollen (?). Aber im Moment bin ich so wütend, daß ich denke: lieber fürsorglich als schweinisch ...
Ich hatte an diesem Wochenende das diffuse Gefühl, in einer

Schreckensdiktatur à la Orwell zu leben, in der so geschickt agiert wird, daß wir als (weltweit gesehen) reiche Oberschichts-Tussen nicht einmal merken, was läuft und auf wessen Kosten wir leben und unsere Problemchen klären …
Nein, Ruth, das sollst Du jetzt nicht mißverstehen! Auch hier gibt es Probleme, auch ernstzunehmende. Zum Beispiel Deine Abtreibung und Deine Beziehung mit Rolf, oder auch Vanessa mit ihrem Baby und den nicht vorhandenen Möglichkeiten, es irgendwo gut unterzubringen und dennoch zu studieren. Das sind Schwierigkeiten, die wir auch angehen müssen. Was mich nur so ärgerte und hilflos machte bei der Tagung in Berlin, war das Gefühl, mich abzustrampeln, zu tun und zu machen, ohne die großen Zusammenhänge erfaßt zu haben.
Vanessa, der ich am Telefon kurz über die Veranstaltung berichtet habe, war gar nicht erstaunt. Sie fand, es sei doch normal, daß wir an der Nase herumgeführt und verarscht würden, das wisse sie schon, seit sie den ersten Tropfen Muttermilch getrunken habe. Auf meine Frage, wie ich *das* denn nun zu verstehen habe, lachte sie und sagte: »Tja, diese Geborgenheit per Milchzufuhr unter Frauen ist doch auch 'ne Art weibliche Betrügerei – ansonsten hatte ich noch nie großes Vertrauen in Institutionen, und schon gar nicht in diese weltweiten. – Mach Dich nicht so fertig, Mamutschka, das weißt Du doch eigentlich alles!«
Ruth, was soll ich davon halten? – Meine Tochter Vanessa ist klüger und weiser als ich, zudem verfügt sie offensichtlich über eine gute Portion »Mutterwitz«. Ist sie vielleicht klüger als ich? Aber warum bitte hat sie dann geheiratet?

Auf vielen Ebenen verwirrt. Vivian

Kassel / 22. Januar 1995 / 21.45 Uhr

Liebe, liebe Vivian!!!
Trotz unserer dauernden Telefoniererei schreibe ich Dir nun einen kleinen Gruß aus der »Ruth-Küche«, denn mittlerweile finde ich Schreiben manchmal fast intensiver als Telefonieren – vielleicht, weil gesprochene Worte so schnell verfliegen, so ein Brief aber noch einmal durchgelesen werden kann …
Heute erlebte ich einen denkwürdigen Tag in der Geschichte der Frauen und Frauenbewegungen: Meine Schwester Silvia war zu Besuch, für ein paar Stunden nur, und wir haben uns das erste Mal im Leben richtig gut verstanden. Silvi ist zwei Jahre älter als ich. Der schwierige Geschwisterabstand ist aber verjährt. Das Irre an Silvi ist: Sie ist eine zufriedene, glückliche Hausfrau und Mutter! Und das schon seit fast zehn Jahren. Und es gibt keinen Grund, ihr das nicht zu glauben …
Silvi hat drei Kinder, zwei Töchter (zwei und neun) und einen Sohn im Alter von sechs Jahren. Sie lebt mit einem freundlichen und nicht schlecht verdienenden Eheliebsten zusammen, mit dem sie gnadenlos, auch als die Babys klein waren, zweimal jährlich für mindestens zwei Wochen verreist. Ihr Gunnar ist ein Schnuckelchen, das gebe ich wohl zu (wir drei Schwestern haben anscheinend ein Händchen bei der Suche nach Männern von Format und Güte). Er arbeitet schwer und erfolgreich als mittlerweile »freier« Mitarbeiter bei einer Filmproduktion, macht aber so gut wie nie einen Termin ohne Absprache mit Silvi. Beim letzten Schätzchen, was sie in die Welt gesetzt haben, hat er sogar ein halbes Jahr Urlaub genommen … Nun ja, sie sind privilegiert, das ist wahr, doch er hatte durchaus – so erzählte es mir mein Schwesterherz – mit dummen Bemerkungen und auch Ärger am Arbeitsplatz zu kämpfen. »Wer hat denn bei euch die Hosen an? – Ach, biste auf'm Maso-Trip?« usw.
Meine Schwester Silvi ist eine glückliche Mutter und Ehefrau, und das seit 1986 im September. Genau das zeichnet meinen heutigen Tag, an dem ich mit ihr zwei Campari trank und ein Schokoladeneis verspeiste, aus.

Übrigens meint auch sie, daß es unter den gegebenen Umständen richtig war abzutreiben. Sie sagte auch ähnliches wie Du zu meiner Beziehung mit Rolf. Nein, es war, ehrlich gesagt, noch schlimmer: Sie fragte mich geradewegs, ob ich mich denn nicht von Rolf trennen wolle und mir dies aber nicht eingestehe. Und ob ich mir einmal Gedanken darüber gemacht habe, was dann mit Jan wäre … Ich war recht verdutzt und fand diese Direktheit etwas unangenehm und unangemessen intim. »Daß es so nicht weitergeht, weißt du ja auch«, sagte sie noch auf dem Bahnsteig, »Paß auf dich auf!«, und entschwand anschließend mit dem ICE in Richtung Frankfurt.

Der neue Kasseler Bahnhof in Wilhelmshöhe ist ja nun wirklich kein Ort, der zu Besinnungsstunden oder auch nur zum Verweilen anregt. Trotzdem habe ich in der Eisdiele oben am Platz noch ein zweites Schokoladeneis gegessen, einen doppelten Espresso bestellt und nur halb ausgetrunken und darüber nachgedacht (das erste Mal ernsthaft), was denn wäre, wenn ich mich von Rolf trennen würde … Angeregt von einer Ehefrau, Hausfrau und Mutter unzähliger nerviger Kinder und gleichzeitig meiner leiblichen Schwester!

Bin ich verrückt, Vivian?

Ich hab doch eigentlich (fast) alles, was ich will: einen lieben Mann, der mich nicht nur nicht schlägt, sondern auch noch kocht und spült und ein lieber Vater für unseren Sohn ist; ich habe einen wunderhübschen Sohn, der zwar seine Macken hat, aber kein Chauvi ist …

Bin ich verrückt?

Gestern abend war Conny bei mir, Du erinnerst Dich? (Meine Nachbarin, die »Supermama« mit den beiden nervigen Kids, die einen Nervenzusammenbruch erlitt.) Ihr geht es mittlerweile beinahe blendend. Sie arbeitet auf einen Studienplatz an der HWP (Hochschule für Wirtschaft und Politik) in Hamburg hin, hat eine Wohnung dort in Aussicht und nur gute Pläne und Hoffnungen! Im Sommer zieht sie also wahrscheinlich zu Dir in die Großstadt im Norden …

Sara und Dennis besuchen mit Begeisterung den Kinderhort,

und Conny blüht auf. Die beiden Kurzen futterten übrigens gestern abend glücklich und ohne Protestgeschrei Spaghetti mit Hackfleischtomatensoße! Mit Conny habe ich mich in den vergangenen Tagen mehrfach getroffen, und sie hat mir gesagt, daß sie von mir (!) – genau wie ich von ihr früher – gedacht hat, *ich* sei eine perfekte, glückliche Übermutter in einer perfekten, überglücklichen Beziehung, von der man nichts erwarten könne, wenn frau Probleme hat …
Was ist denn das für eine Konkurrenz, daß wir fast zu Kindsmörderinnen werden, statt offen miteinander zu reden?
Conny – von der ich dachte, sie sei *die* Mutter, also immer toll zu ihren Ablegern, hat mir gestern abend erzählt, daß sie Sara und Dennis sogar gehauen hat, einmal sogar schlimm, ohne Kontrolle … Das fand ich schrecklich, erstens überhaupt, und zweitens weil ich trotz der geringen realen Distanz (keine zehn Meter Luftlinie) nichts davon ahnte und sie mehr als Feindin denn als Gleichgesinnte empfand … An diesem Abend im Februar, als sie mich anrief (vor einem knappen Jahr), hatte sie mich und eine andere Frau, die sie kaum kannte, auf dem Not-Telefon-Zettel. Ich bin froh, daß sie mich erreicht hat. Conny sagt heute, sie sei an jenem Abend nicht zurechnungsfähig gewesen, hätte vielleicht wirklich Schluß gemacht mit sich und den Kleinen …
Wir haben darüber noch ein bißchen gestritten, denn ich habe ihr gesagt daß sie kein Recht (nie!) habe, über das Leben der Kinder zu entscheiden, wie schlecht es ihr auch gehen möge. Sie meint, es seien *ihre* Kinder, und keiner habe sich um sie und ihre Kids wirklich geschert. Ich sehe das anders, denn sie hat nicht das Recht, über andere Leben zu bestimmen, selbst wenn sie es geboren hat … Conny wurde sehr nachdenklich. Wir haben uns nicht so gestritten, daß kein Reden mehr möglich war … Es war ein gutes und trauriges Gespräch.
Ich bin jetzt müde. Liebe Vivian, ich freue mich, daß es Dich gibt!

Viele Grüße von Deiner Ruth

Hamburg, Mittwoch, den 1. Februar 1995

Liebe Ruth-Freundin!
Ich bin in diesen Minuten gerade wieder Hilfsmama, denn Marie ist bei mir, aber, Göttin sei Dank, gerade eingeschlafen. Drei Stunden wollte die Dame beschäftigt werden, anspruchsvoll wie eine Königin! Ich habe ihr doch nichts getan? Sie ist noch kein halbes Jahr alt und verlangt schon Unmögliches ...
Dein letzter Brief war für mich trotz der Beschreibung vieler Schlechtigkeiten der Welt ein Trost, besonders das, was Du über Deine Nachbarin Conny und Deine Schwester geschrieben hast.
Vanessa geht's beschissen. Gerhard und sie haben das erstemal über Trennung geredet. Aus der Krabbelgruppe wird wahrscheinlich nichts. Alles bricht auseinander, außer Vanessa hält nur noch eine andere Frau durch. Sie wiederum – meine verheiratete Tochter! – geht samstags abends in Diskotheken oder ins Kino, das arme Kind dem Gerhard-Papa oder mir überlassend, und meint, das sei ihr gutes Recht oder zumindest eine angemessene Art, sich zu entspannen. Was soll ich dazu sagen? – *Ich* hätte das nicht gemacht, oder was? *Ich* bin auf Versammlungen und Demonstrationen gerannt, als Vanessa klein war – im Glauben, das sei wichtig für das Wohl der Menschheit. Doch was hat das mit einer Disko zu tun?
Ruth! Ich bin voll gemischter Gefühle: Ich will, daß meine Tochter trotz Kind macht, was sie will, und ich will es gleichzeitig auch nicht! Ich bin ekelhaft!
Ich kann mich nicht aus ihrem Leben stehlen, selbst wenn sie das verlangte. In diesen Tagen fordert sie eher Gegenteiliges, denn sie erwartet, daß ich Oma-Pflichten erfülle. Das wiederum geht mir gegen den Strich. Prinzessin Marie ist niedlich und reizend, aber auch das nur begrenzt. Sie ist die Tochter meiner Tochter, verdammt! Und Vanessa soll sich darum kümmern und nicht ich!
Verzeih, Ruth, aber ich bin durcheinander und verunsichert, teils sauer auf Vanessa, teils sauer auf mich. Meiner Meinung

nach hat Vanessa tatsächlich ein Recht auf Baby-unabhängige Aktivitäten, und auch Vater Gerhard hat dieses Recht. Aber wer verhilft all diesen Bedürfnissen zur Erfüllung? Ich – die ungewollte Oma!

Es ist vermaledeit. Einerseits freue ich mich darüber, wie die beiden mit der Tatsache, eine Familie zu sein, umgehen. Sie sind modern und locker, sie wollen alles gut und richtig machen, sie lesen sogar extrem kritische Bücher über Kindererziehung und Familie .... Aber wer springt ein, wenn sie an die *Umsetzung* der Theorien gehen? – Ich! Ich, die ich weder Oma werden wollte noch begeistert war über die Mutterschaft meiner Tochter, ich, die ich *dagegen* war! Ich habe nichts gegen Prinzessin Marie, aber ich habe etwas gegen Kinder von studienunterbrechenden Müttern überhaupt!!!

Nun sitze ich hier in Erwartung der jungen Eltern. Ist es *das*, was eine feministische Tochter-Mutter ausmacht? Daß sie mit Zuckerbrot (ich will meine Freiheit trotzdem) und Peitsche (mein Studium, Frauensolidarität) zur Babysitterin gemacht wird?

Viele Grüße von Großmama Vivian

Nachsatz: Jochen hat mich am Wochenende besucht. Er begleitete den US-Historiker Raul Hilberg (berühmt geworden durch das Standardwerk »Die Vernichtung der europäischen Juden«) auf einer Rundreise durch Deutschland anläßlich des 50. Jahrestages der Befreiung von Auschwitz. Aus demselben Anlaß bin ich zum ersten Mal in der hiesigen Synagoge gewesen, denn auch dort fand eine sehr eindrucksvolle Veranstaltung statt. Dabei fiel mir auf, daß Menschen jeden Alters versammelt waren – ein Bild, das ich hier in Deutschland selten erlebe: sowohl sehr junges Publikum, auch junge Mütter oder Väter mit Babys, als auch alte, sehr alte Männer und Frauen ...

Meine neue Liebe währt ja nun schon fünf Monate. Das hätte ich noch vor einem Jahr weit von mir gewiesen, und dennoch ist es nun so. Allerdings entspricht es meinem Alter und meiner

Weisheit voll und ganz, auf jegliches Zusammenwohnen oder gar die Entwicklung einer Paarkultur zu verzichten. Problematisch ist höchstens, daß die Fahrerei auch mit Bahncard nicht gerade billig ist.

Hamburg, Donnerstag, den 9. Februar 1995

Liebe Ruth, wo bist Du?
Seit einer Woche kann ich Dich weder telefonisch erreichen, noch habe ich Post von Dir bekommen. Ich hoffe, dahinter verbergen sich keine dramatischen Ereignisse?
Ich bin in den letzten Tagen sehr fleißig gewesen, obgleich ich mich etwas angeschlagen fühle – Husten, Schnupfen, Heiserkeit, das Übliche für diese Jahreszeit. Aus diesem Grunde hatte ich auch eine Woche lang keine großmütterlichen Pflichten zu erfüllen, bin also wieder eine *freie Frau.*
Beruflich beschäftige ich mich zur Zeit allerdings ausschließlich mit Müttern und Kindern resp. Familien, denn ich soll ein Dossier »Familien in Deutschland« für die Redaktion zusammenstellen. Und so stapeln sich auf meinem Schreibtisch vor allem Statistiken und soziologische Sachbücher, die zum größten Teil furchtbar dröge zu lesen, aber dennoch interessant sind.
Unter »Familie« wird im allgemeinen Sprachgebrauch zwar immer noch die Konstellation von Eltern (Vater und Mutter) und den dazugehörigen Kindern verstanden. In der Fachdiskussion bis hin zur Familienpolitik gibt es aber inzwischen einen Bedeutungswandel, der der Realität näher kommt. Zumindest werden heutzutage auch bei uns die Alleinerziehenden nicht mehr als »unvollständige Familie« abgewertet, sondern gelten als eine besondere Variante des Zusammenlebens mit Kindern.
Die Statistiken sind recht aufschlußreich – immerhin leben heute 42 Prozent der Bevölkerung bei uns nicht in Familienhaushalten! Das ist nahezu die Hälfte aller Menschen in Deutschland …

Interessant sind auch die – meist versteckten – Hinweise auf Veränderungen im Zusammenleben und wie damit in der großen Politik umgegangen wird. So ist schon lange klar, daß sich auch die Rolle der Familienhausfrau verändert hat, weil die Hausarbeit (bei uns!) einen Wandel von der Hauswirtschaft zur Konsumwirtschaft vollzogen hat. (Clara Zetkin hat bereits im Jahr 1889 die Hausfrau als »nicht mehr ersparend, sondern erwerbend« bezeichnet.)
Erst seit den 80er Jahren wird aber über die Rolle der Mütter in diesen modernen Familien diskutiert: Die neue *Ausschließlichkeitsbeschäftigung Mutterschaft* (ist dieser Ausdruck nicht wunderbar?) in der Kleinfamilie wird demnach problematisiert. Und in diesem Zusammenhang wird das Modell »Vater-Mutter-Superkind« zumindest in den reichen Ländern nicht mehr idealisiert – nicht nur wegen der geschlechtsspezifischen Arbeitsteilung mit den aushäusigen Papas, sondern aus grundsätzlicheren Überlegungen: Die typische Kleinfamilie ist den Sozialisationsanforderungen der Kinder nicht gewachsen. Denn diese brauchen eine anregende und abwechslungsreiche Umwelt und Kontakt zu weiteren Bezugspersonen …
Genau das sag ich doch schon immer! Derartige »Erkenntnisse« in seriösen Arbeiten – mit einer Mischung aus Wut und Genugtuung – wiederzufinden und gleichzeitig zu wissen, daß wir das – sozusagen anhand eigener Lebenserfahrung – schon viel länger kapiert hatten, ist ja auch etwas wert.
Zur Sparte »Was Frauen schon immer wußten, aber die Wissenschaft erst jetzt entdeckt« zählt auch der seit den 70er Jahren in Mode gekommene Forschungsgegenstand *Beteiligung von Männern an Hausarbeit*. Was fast jede Frau, die jemals mit einem Mann zusammenlebte, weiß und woran sie sich in ihren Männerbeziehungen abrackert, gilt heute als brisante wissenschaftliche Erkenntnis: Die meisten Männer sind betreffs Hausarbeit faul, ignorant und alles andere als lernbereit. Und das ewige Gerede von den angeblich neuen Männern oder Vätern ist offenbar eine Wunschvorstellung, die jeglicher realen Grundlage entbehrt.

Es gibt, liebe Ruth, einen kontinuierlichen Durchschnittswert von sage und schreibe zehn Wochenstunden männlicher Hausarbeit, wenn diese Kerle mit einer Frau zusammenleben. Dieser Wert verändert sich weder durch Berufstätigkeit der Partnerin noch durch Kinder.

Was ich wiederum fast mit Schmunzeln gelesen habe, weil es auch meinen eigenen Erwartungen widersprach: Die jüngeren Männer von heute trifft frau durchschnittlich nicht öfters als deren älteren Geschlechtsgenossen in den Niederungen der Reproduktionsarbeiten an ...

Wenn es nicht so traurig wäre, gäbe jede dieser Infos einen sarkastischen Artikel her. – Ein hübsches Zitat für Dich, meine Liebe, die Du anscheinend in den Genuß gekommen bist, einen Ausnahmemann kennenzulernen:

»Über die Grenzen der Staaten und Gesellschaftssysteme hinweg, unbeeinflußt von ideologischen und wirtschaftlichen Gegensätzen, unberührt von den Unterschieden der Sprache, der Geschichte, der Kultur, besteht eine große Internationale: die Internationale der Ehemänner, die sich einig sind, Hausarbeit sei Frauensache.« (Helge Pross: Die Wirklichkeit der Hausfrau, 1976!)

Die einzige Ausnahme bist Du mit Deinem Rolf allerdings nicht auf der Welt – soweit bin ich schon informiert: Zwei bis vier Prozent der heutigen Eltern bei uns wünschen sich ein partnerschaftliches, innerfamiliales Arbeitsteilungsmodell bis hin zur geteilten Elternschaft. Das wird ihnen bloß verdammt schwer gemacht, denn es gibt realiter kaum Unterstützung für solche Ideen, weder im Berufsleben noch bei der Kinderbetreuung. Nicht einmal für ein Prozent der bis zu Dreijährigen sind in Deutschland Krippenplätze vorhanden. Letzteres stellt besonders für alleinerziehende Mütter eine große Schwierigkeit dar, weil sie überwiegend berufstätig sind. (Und besonders problematisch ist es für die Frauen in den neuen Bundesländern, die bis 1990 andere Standards gewöhnt waren. Monatliche »Haushaltstage«, Kantinenessen im Betrieb und Schulspeisungen für die Kinder, vor allem aber Betriebskindergärten

sind entgegen allen Gerüchten aber nicht unbedingt realsozialistische Zwangsmaßnahmen gewesen, sondern auch in Frankreich, Dänemark, Schweden und den Niederlanden verbreitet.)
Tja, so ist es immer wieder – auch frau lernt nie aus. Ich erinnerte mich beim Lesen all dieser Unterlagen daran, daß ich vor einigen Jahren einmal eine Reportage über Frauen in Sindelfingen geschrieben habe. Das galt Mitte der 80er Jahre als die reichste Kommune in der BRD, weil Daimler-Benz und IBM dort angesiedelt sind. In diesem Städtchen *gab* es genug Kindergartenplätze, die aber nicht ausgenutzt wurden, denn zur Lebensplanung der gutverdienenden Männer gehörte: Haus bauen, Mercedes vor der Tür, Baum pflanzen, Kind machen und eine Frau *haben*, die *zu Hause* bleibt! – Erwerbsarbeit und Wohlstand schützen offensichtlich nicht vor Dummheit.
Doch es liegt auch an den Frauen, daß sich so wenig rührt in diesem Lande! – Ach, Ruth, es ist gemein, daß wir uns immer wieder so allein vorkommen, sobald wir andere Vorstellungen haben – so isoliert und außenseiterisch. Dabei ist es, meiner Meinung nach, eher eine Frage der Ideologien und nicht der Wirklichkeit, an was wir (zum Beispiel Du und ich) gemessen werden. Knapp eineinhalb Millionen alleinerziehende Mütter minderjähriger Kinder gibt es in Deutschland, immerhin fast eine Viertel Million alleinerziehende Väter, und die Zahl der unverheirateten Paare mit und ohne Kinder nimmt kontinuierlich zu (1992 waren es fast drei Millionen Frauen und Männer, die in nichtehelichen Lebensgemeinschaften – so heißt das! – lebten; und davon hatten fast ein Drittel Kinder).
Du siehst, liebe außergewöhnliche Mutter und Freundin – es gibt außer Dir, Rolf und mir und den anderen zehn klugen Leuten, die wir kennen, noch mehr, deren Sinn und Trachten nicht nach einer »Keimzelle des Staates« stehen!
In diesem Sinne, liebste Ruth, wünsche ich Dir alles Gute – und leide nicht zu sehr, wenn Du an Trennung denkst. So etwas kommt in den besten Familien vor!
Doch ruf mich bald an, ich sorge mich etwas um Dich! Ich

werde in den nächsten Wochen oft erst nach 22.00 Uhr zu Hause sein, weil ich am Schnittplatz im Rundfunk sitze …

Vivian

Kassel / 20. Januar 1995 / 0.30 Uhr

Liebe Vivian,
ich danke Dir für Deinen lustigen Großmama-Brief und den informativen über Familienpolitik. (Kann ich Dein Dossier mal lesen, wenn es fertig ist?)
Mir ging es ziemlich schlecht die letzten beiden Wochen, und deshalb habe ich auch keinen Brief schreiben mögen.
Rolf und ich werden uns – zumindest vorübergehend – trennen. Und ich fürchte, *vorübergehend* heißt eigentlich *für immer*, aber weder er noch auch ich wagen es, dies auszusprechen. Ich bin darüber traurig, merkwürdigerweise aber auch ein wenig erleichtert und komme mir genau damit etwas mies vor.
Das Verrückte ist, daß es keinen wirklichen *Anlaß*, so wie im Roman, für diese Trennung gibt: Er hat mich nicht geschlagen, weder er hat noch ich habe einen neuen Partner, wir streiten nur selten und dann eher dezent, wir gelten in unserem Freundeskreis als ein etwas ungewöhnliches, aber doch sehr zuverlässiges Paar ohne große Probleme …
Ich glaube, zwei Dinge sind es, die dazu geführt haben, daß die Situation nun so ist: Wir können kaum noch miteinander *reden*, haben uns irgendwie »ausgeredet«, ohne daß etwas dabei herausgekommen ist. Und das zweite, das mit dem ersten Punkt viel zu tun hat, ist das ständige Aufeinanderglucken und die straighte Mama-Papa-Kind-Situation seit immerhin sechs Jahren …
Rolf hat ab 1. März ein Zimmer in einer Wohngemeinschaft. Das ist problematisch, weil es bedeutet, daß er nicht mehr für Jan präsent sein wird und dort auch kein Platz für ein Schulkind

ist. Für seine Doktorarbeit ist es sicherlich gut, weil er sich zurückziehen und konzentrierter arbeiten kann. Wie Jans und mein Leben allerdings hier ablaufen werden, kann ich mir noch gar nicht so recht vorstellen. Ich bin dann eine richtige alleinerziehende Mutter mit Kind, und davor graust mir.

Jan findet das alles schrecklich. Er will, wenn Rolf auszieht, mit ihm umziehen ...

Für Rolf ist es, obgleich er den Vorschlag gemacht hat auszuziehen, auch schrecklich, und er plant, sich drei bis vier Tage in der Woche nachmittags hier in der Wohnung aufzuhalten, um für Jan da sein zu können. Das ist keine sehr glückliche Lösung, aber mir fällt im Moment auch nichts Besseres ein, denn Jan und Rolf brauchen einander auch. Ich aber würde mich gegenwärtig lieber ein wenig zurückziehen, nachdenken und mich vielleicht mal mit Rolf *verabreden*, und ich habe Angst, daß wir in unsere alten Verhaltensmuster zurückfallen, wenn sich der Alltag weiterhin hier in der Wohnung abspielt ... Doch als Beginn einer Veränderung ist es vielleicht tragbar.

Vivian, ich bin ganz durcheinander. Ich finde unsere Entscheidung richtig, habe aber Angst davor, wie alles weitergeht. Und ich merke, daß das mehr mit Jan zu tun hat, so, als sei meine Liebe zu Rolf plötzlich auf Eis gelegt ... Ich weiß nicht so recht ... Gleichzeitig habe ich dauernd Anfälle von schlechtem Gewissen, das mir einreden will, *ich* hätte die Schuld, denn ich hätte die Situation unseres Zusammenlebens anders gestalten müssen, schließlich war Rolf überlastet usw.

Vorgestern abend habe ich hier in der Küche gesessen und ernsthaft in Erwägung gezogen, daß ich vielleicht einfach mehr hausfrauliche Qualitäten zeigen müsse ... Das ist natürlich Unsinn, aber ich bin eben sehr unsicher.

Im Zentrum finde ich derzeit keine, mit der ich darüber gut reden kann. Anne, meine liebste Kollegin, ist im Jahresurlaub und kommt erst Mitte Februar zurück. Bei den anderen gelte ich entweder als »merkwürdig« oder gar als Männerfresserin (einmal habe ich mitbekommen, wie getratscht wurde: Ich wisse gar nicht, wie gut ich es habe).

Unabhängig davon ist die Arbeit zur Zeit ohnehin von Dauerstreß geprägt. Bianca – ich erzählte Dir von ihr – hat vorletzte Woche gekündigt. Sie hat im Dezember ihr Wunschbaby bekommen, und der kleine Junge ist, soviel ich weiß, nicht ganz gesund. Ihre Ängste vor einem behinderten Kind haben sich also bewahrheitet, ihr Sohn soll spastische Auffälligkeiten haben. Ich selbst habe noch nicht mit ihr gesprochen; es sind nur Gerüchte, die umgehen. Ich habe vor, sie nächste Woche zu besuchen.
Gute Nacht, liebe Vivian! Kannst Du verstehen, daß ich nicht darüber sprechen wollte, ehe Rolf und ich eine Entscheidung gefällt hatten?
Wie geht es eigentlich Vanessa? Hast Du etwas von ihr gehört?

Alles Liebe für sie und für Dich von Deiner Ruth

Hamburg, Mittwoch, den 1. März 1995 (Aschermittwoch)

Liebe »alleinerziehende« Ruth,
geht es Dir etwas besser? Ich denke heute sehr an Dich, weil der Auszug von Rolf stattfindet. Während unserer letzten Telefonate hatte ich jedoch das Gefühl, daß es Dir schon nicht mehr so an die Nieren geht. Wahrscheinlich ist der Umzug von Rolf in diese etwas kinderfeindliche WG nicht besonders gelungen, andererseits weiß ich auch, daß es kindergerechte Wohnungen nicht gerade wie Sand am Meer gibt.
Ich habe Dir einmal erzählt von einer früheren Kollegin, die, soweit ich mich erinnere, konsequent verfocht, daß die Probleme meist von den Erwachsenen produziert werden und nicht von den Kindern. Sie hatte einen Sohn im Schulalter, der es von klein auf gar nicht anders kannte, als eine Mama-Wohnung und eine Papa-Wohnung abwechselnd in Beschlag zu nehmen. Er lebte regelmäßig eine Woche bei ihr und die darauffolgende bei seinem Vater (die Anschaffung zweier »Kinderausrüstungen«

vom Bett bis zur Unterwäsche kostet natürlich ein bißchen mehr). Außerdem hatte der Junge eine Art Patin, eine Freundin der Mutter, bei der er öfters war, auch über Nacht und auf Reisen …

Deine Situation als plötzlich Alleinerziehende ist keine gute Entwicklung – das ist meine um Dich besorgte Meinung. Ich wünsche Euch allen dreien, daß sich in absehbarer Zeit eine praktischere Lösung ergibt. Deine Idee, selbst ein Zimmer zu suchen und Rolf die »Familienwohnung« mit Jan zu überlassen, ändert ja auch nichts grundsätzlich, außer daß die Rollen vertauscht sind.

Ach, Ruth! Du tust mir leid, aber ich bin davon überzeugt, daß Dir bzw. Euch etwas einfallen wird.

Daß Vanessa am Wochenende geplant abstillen will, habe ich Dir bereits berichtet. Hoffentlich artet das nicht aus, denn ich bin als Brust-ablenkende Babysitterin der Prinzessin fest eingeplant. Gerhard hat gestern ein Gespräch mit seinem Personalchef geführt, um abzuklären, unter welchen Bedingungen er seine Arbeitszeit auf 30 Stunden reduzieren kann. Er berichtete, daß dieser sehr erstaunt war und vorsichtig fragte, ob denn die Mutter des Kindes krank sei oder sich scheiden lassen wolle. Das Argument, daß er seine Wochenarbeitszeit *um des Kindes willen* verringern möchte, war seinem Chef fremd und unheimlich. Gerhard erzählte, der Mann habe ihn angeguckt, als sei er nicht ganz dicht …

Vanessa und Gerhard haben sich langsam zu Fachleuten in Fragen Babygruppe und Kinderladengründung entwickelt. Es gibt hier in Hamburg sogar einen alternativen Trägerverband, der Beratungen vornimmt und Hilfestellungen leistet. Die Aussichten auf finanzielle Unterstützung und Anerkennung durch die Behörden sind jedoch sehr gering. Außerdem ist alles sehr bürokratisch geregelt, so daß Vanessa vor ein paar Tagen schon ankündigte, sie wolle Marie in verschiedenen vorhandenen staatlichen Einrichtungen anmelden. Die Gründung eines Kinderladens sei mindestens ein Halbtagsjob, und das steht ja ihren Interessen, wieder zu studieren, entgegen.

Zur Zeit haben sie ein Mütter-(und Väter-)treffen eingerichtet, von dem Vanessa Widersprüchliches berichtet: Einerseits soll es angenehm sein, sich dort austauschen zu können, andererseits fühlt sie sich von anderen Müttern kontrolliert. Ähnlich geht es ihr im Mütterzentrum in der Müggenkampstraße. Dort gibt es sogar einen Cafébetrieb für die Mamas mit ihren Blagen, aber leider ist das Zentrum von Vanessas Wohnort weit entfernt.
Und hier noch eine – mit größter Wahrscheinlichkeit – positive Meldung aus der Hamburger Mütterszene: Meine schwierige Freundin Marianne (die mit den beiden großen Nesthockern und dem gräßlichen Ehemann) hat geradezu revolutionäre Maßnahmen zur Veränderung ihrer Situation ergriffen! Sie war leibhaftig bei einer Rechtsanwältin und hat endlich die Scheidung eingereicht! – Wie ich meine, mindestens zehn Jahre zu spät, aber immerhin! Außerdem hat sie – das ist beinahe von noch größerer Bedeutung – Sohnemann Krischi, 23, den Laufpaß gegeben und ihm empfohlen, sich doch sofort ein Zimmer zu mieten und seine schmutzigen Socken selbst zu waschen. Krischi ist zum 15. Februar tatsächlich ausgezogen, und Marianne scheint es mit dieser Entscheidung gutzugehen. Gestern abend sagte sie mir am Telefon, sie merke erst allmählich, wie frei ihr Leben auf einmal ohne diese dauernde Hausarbeit für den Makker und die Gören sei. Merle, ihre 20jährige Tochter, wohnt noch bei ihr, aber zwischen den beiden Frauen scheint es hinsichtlich der Alltagsbewältigung nicht so viele Spannungen zu geben. Marianne behauptet dies wenigstens, und ich bin ja schon froh, daß es endlich zu Veränderungen kommt. Marianne ist auf Arbeitssuche – nicht leicht, denn sie wird bald 48 Jahre alt. Aber sie tut wenigstens wieder etwas außerhalb des Familienbetriebes, zum Beispiel leiert sie gerade eine Mieterinitiative mit an. – Sag, Ruth, das ist doch ausnahmsweise einmal etwas Nettes, was ich Dir berichten kann, oder?
Schade nur, daß die besseren Nachrichten meistens etwas mit Trennungen nach großen Mühen zu tun haben. Wir dämlichen Frauen! Immer im Abwehrkampf!

Ich denke an Dich, liebe Ruth. Vielleicht rufst Du ja auch heute abend noch an?
Grüß Jan von mir, auch Rolf, wenn Du magst!

Vivian

Kassel / 8. März 1995 / 19.00 Uhr (Frauentag)

Liebe Vivian,
ich weiß zwar, daß Du noch bis übermorgen in Brüssel bist, aber dieses kleine Briefchen soll Dich empfangen, wenn Du wieder heimkommst.
Ich wünsche Dir einen wunderschönen Internationalen Frauentag! Stell Dir vor, wir haben heute im Zentrum von unserer »Müttergruppe« Blumen geschenkt bekommen. Irgendwie fand ich das schön.
Viel wichtiger aber ist das Folgende: Jan wird zu Rolf ziehen!!! – Ich fühle mich ganz rabenmütterlich, denn ich habe das Resultat dieses über Wochen währenden Entscheidungsprozesses eher mit Erleichterung aufgenommen als mit Trauer. Das mag auch daran liegen, daß ich in den vergangenen Wochen große Angst davor entwickelt habe, mit Jan *allein* zu bleiben, und davor, daß Rolf und Jan den Kontakt zueinander verlieren. Ich glaube, auf mich trifft das umgekehrt nicht zu, denn ich plane Jan sowieso immer in meinen Gedanken mit ein, wenn es auch nach außen gar nicht so aussieht ... Eigentlich gehe ich wohl sehr fürsorglich, »typisch weiblich«, an diese Angelegenheit heran. Auch wenn eine meiner Kolleginnen gestern etwas spitz meinte: »Du machst es dir ja nicht gerade schwer, was deinen Sohn betrifft!« – In Wirklichkeit überlege ich ja nicht nur, welche Wünsche und Bedürfnisse ich habe, sondern stelle mir auch immer die von Rolf und Jan vor.
Fakt ist jedenfalls, daß wir, d. h. entweder ich oder Rolf, jetzt eine Wohnung bzw. eineinhalb bis zwei Zimmer finden müssen.

Jan wird dann mit Rolf hier oder in der neuen Wohnung seinen »Stammplatz« haben, mich aber bei Bedarf und an mindestens zwei Wochenenden im Monat »besuchen«, d.h., dann auch bei mir wohnen. Das Irre ist, daß es eine solche zweite Wohnung eventuell (ab Juni) gibt, wenn auch nur auf zwei Jahre befristet, denn Freunde von Rolf ziehen vorübergehend ins Ausland und suchen jemanden, dem sie ihre Wohnung anvertrauen können.
Witzig finde ich, wie unterschiedlich und teilweise unerwartet meine Umgebung auf unsere Pläne reagiert. Meine Familienmutter-Schwester zum Beispiel, die neulich zu Besuch hier war, hält es für eine wunderbare Idee. Conny, meine Nachbarin, sagt, sie könne sich das nicht vorstellen, und eine Kollegin meinte, ich sei unverantwortlich und hätte wahrscheinlich ein gestörtes Verhältnis zu meinem Sohn.
Jan findet es prima so und erzählt stolz, daß er künftig zwei Adressen haben wird. Auch Rolf scheint mir zumindest glücklicher mit dieser Lösung zu sein als mit unserem Diskussionsstand von vor zwei Wochen. Er möchte allerdings versuchen, einen Nachmittagsplatz im Kinderhort für Jan zu finden. Das ist ziemlich umständlich, weil er als nichtehelicher Vater ja kein Sorgerecht hat und mithin alles über mich laufen muß.

Gerade klingelte es, und eine wildfremde Frau brachte einen wunderschönen Blumenstrauß von Dir!!! Vivian, Du bist lieb und süß, und die Rosen sind wirklich toll! Das war eine große Überraschung, und ich freue mich sehr!

Danke, liebe Freundin! Deine Ruth

Brüssel, Mittwoch, den 8. März 1995

Liebe Ruth,
Ehre und Lob allen Feministinnen – und: *Es lebe die Befreiung der Frauen!*
Ich wünsche Dir alles Gute zum Internationalen Frauentag!!!
Alles, was Du willst!
Dies aus der europäischen Hauptstadt, in der ich gleich mit zwei Parlamentarierinnen aus Frankreich und Babette, meiner Gastgeberin, essen gehen werde, was hier ein teurer Spaß ist. (Doch ich hoffe, daß ich dieses Gelage als Redaktionsspesen geltend machen kann, schließlich soll unsere Speisung auch meiner Information dienen: Ich werde ein Interview mit den beiden Europa-Abgeordneten machen.)
Ich bin hier, um dem Datenmaterial, das ich seit Monaten sammle, ein wenig Leben einhauchen zu können. Es geht immer noch um mein Familiendossier, und über die beiden Abgeordneten werde ich wahrscheinlich einen Artikel schreiben müssen. Trotz des eher entmutigenden Recherchethemas empfinde ich mein Leben heute geradezu als luxuriös, denn ich reise auf Kosten einer Redaktion, wohne bei meiner Freundin Babette in einer der schönsten Hausgemeinschaften Europas (Avenue d'Italie) und arbeite an Themen, die mich interessieren.
Die Materie – Familienpolitik in Europa – ist gar nicht so einfach, wie es auf den ersten Blick scheint, denn die Länder unterscheiden sich bezüglich ihres sozialen Hintergrundes und ihrer wirtschaftlichen Situation erheblich. Dabei gibt es sehr viel Widersprüchliches, zum Beispiel tun die reichsten Länder keineswegs am meisten für Kinder oder Familien, und noch viel weniger kann ich eine Gesamtlogik entdecken, wonach familienpolitische Maßnahmen ergriffen werden.
In Dänemark gibt es zum Beispiel – das ist weltweit ein Novum – Vaterschaftsurlaub: zwei Wochen mit vollem Lohnausgleich analog zum Mutterschaftsurlaub. Darüber möchte ich gern mehr erfahren, zum Beispiel, ob das auch für nichteheliche Väter gilt.

Elternschaftsurlaub wird in fast allen Ländern dermaßen unterschiedlich gehandhabt, daß ich kaum einen Überblick erhalte. Es scheint so, daß Deutschland in dieser Frage vergleichsweise fortschrittlich ist, jedenfalls in bezug auf die rechtlichen Grundlagen von Wiedereinstellungsgarantien, Erziehungsgeld und die Möglichkeit von gleichzeitiger Teilzeitarbeit; dies ist aber – die Väter betreffend – an eine Ehe gebunden. Und dennoch gibt es offenbar genug Gründe dafür, daß bei uns immer weniger Kinder geboren werden (und auch – allen Gerüchten zum Trotz – seltener geheiratet wird!).
Geradezu rückschrittlich – auch im Vergleich zu anderen EU-Ländern – sieht bei uns die Situation von öffentlich finanzierten Kinderbetreuungseinrichtungen aus. Soweit ich sehe, gibt es mit Ausnahme von Großbritannien und Irland kein Land in Europa, in dem der Staat so wenig für Mütter und Kinder tut wie Deutschland. Selbst wenn die offiziellen (also in der Regel geschönten) Zahlen zugrunde gelegt werden, ist eines sicher: Der Reichtum dieses Landes wird zumindest nicht beim Nachwuchs investiert. In Griechenland, Italien und Portugal liegen die Versorgungsquoten für Krippenkinder doppelt so hoch wie in Deutschland. In Dänemark, Frankreich und Portugal sind Mittagessen in der Schule und Schulkinderbetreuung am Nachmittag üblich oder wenigstens nichts Außergewöhnliches. (Für Belgien besagen die Zahlen, daß es hier so etwas kaum gibt – die Frauen behaupten demgegenüber, außerhäusliche Schulkinderbetreuung sei sehr verbreitet. – Wem soll ich glauben, der Statistik oder leibhaftigen Belgierinnen?)
In vielen Fragen muß ich mich noch schlauer machen …
Jetzt kommen meine Frauen, mit denen ich ausgehen will. Ich schicke Dir viele, heute ausdrücklich feministische Grüße!

Vivian

Nachsatz am 9. März 1995: Heute ist in der Neuen Zürcher Zeitung folgende Meldung zu lesen, die ich Dir nicht vorenthalten will:

»(Reuter) Während der internationale Frauentag fast überall auf der Welt zumindest symbolisch gefeiert worden ist, mußten die Mongolinnen erstmals seit langem an einem 8. März wieder zur Arbeit gehen. Der freie Tag war ihnen vom Parlament mit der Begründung gestrichen worden, sie hätten sich in der Vergangenheit an ihrem Ehrentag regelmäßig betrunken. Staatspräsident Punsalmaagin Ochirbat hatte bei der Verabschiedung des Gesetzes beklagt, der Frauentag habe nur noch als Vorwand zu einem Besäufnis gedient. Die Frauen hätten damit ein schlechtes Beispiel für die Kinder abgegeben.«

Kassel / 23. März 1995 / 10.00 Uhr

Liebe Vivian,
ich habe heute frei, weil ich fürs Zentrum an einer Fortbildung in Frankfurt teilgenommen habe und morgen darüber referieren soll. Das Thema war alles andere als aufbauend, ich habe Dir ja bereits am Telefon erzählt, daß es um Gewalt in der Familie ging.
Manchmal muß ich mich bei solchen Themen erst überwinden, mich mit ihnen zu befassen: Ich fürchte, ich will es dann gar nicht so genau wissen. Und doch nützt das nichts ...
50 Prozent der Eltern sind bei uns heute noch davon überzeugt, daß es zu den richtigen Erziehungsmethoden gehöre, Kinder hin und wieder zu schlagen. Der Deutsche Kinderschutzbund geht davon aus, daß mehr als zehn Prozent aller Kinder in Deutschland dauernd schweren körperlichen Züchtigungen ausgesetzt sind, mit Stöcken und Gürteln oder anderen Utensilien geschlagen werden. Die Dunkelziffer ist sehr hoch, und die wenigsten Fälle werden zur Anzeige gebracht. 1993 wurden über 15000 Delikte »sexuellen Mißbrauchs« polizeilich angezeigt und 1800 schwere körperliche Mißhandlungen allein bei Kindern unter 14 Jahren.
Zu meiner Überraschung fand die Vertreterin des Kinderschutz-

bundes sehr kritische Worte zur hiesigen Situation der Familie und den Ursachen der Gewalt gegen Kinder, die übrigens meistens innerfamiliär stattfindet. Sie war sehr skeptisch gegenüber Ideologien von der »heilen Familie« und vertrat die Ansicht, daß sehr viele Menschen von der Lebensform Kleinfamilie maßlos überfordert seien. Sie forderte Entlastungsangebote und die Unterstützung alternativer Zusammenlebensmodelle.

22.00 Uhr

Ich war heute nachmittag noch bei meiner Kollegin Bianca, zum zweiten Mal. Paul, ihr kleiner Sohn, ist inzwischen knapp drei Monate alt und allem Anschein nach wirklich schwer behindert. Bianca hat mir heute viel erzählt, und ich kam mir mit meinen Problemen und Problemchen direkt begünstigt vor, denn im Vergleich zu mir hat sie es besonders schwer. Der Kleine hat bei der Geburt unter Sauerstoffmangel gelitten und mußte sofort künstlich beatmet und in die Kinderklinik gebracht werden. Im Krankenhaus hat man ihr gesagt, daß das Baby auch geistig behindert sei und sich weder körperlich noch geistig normal entwickeln könne (die offizielle Diagnose heißt »Verdacht auf zerebrale Bewegungsstörungen sowie taktile und sensomotorische Wahrnehmungsstörungen«). Einer der behandelnden Ärzte hat, so Bianca, indirekt angeboten, die Maschinen abzustellen. Sie solle doch lieber ein neues Kind planen ...
Vor einer Woche ist der Junge entlassen worden, und Bianca dreht fast durch. Zudem ist ihre Beziehung gerade zerbrochen, und sie hat den Eindruck, alleine vor all den Problemen zu stehen.
Bianca entwickelt jedoch, entgegen ihrer urspünglichen Angst vor einem behinderten Kind, ungeahnte Kräfte und eine Verweigerungsstrategie, die ich ihr nie zugetraut hätte. Sie hat bereits Kontakt zu anderen Eltern behinderter Kinder aufgenommen und ist mittlerweile bestens informiert. Aber schon die Su-

che nach Ärzten und Therapeuten erfordert Stunden und Tage, und vor allem, so sagt sie, stößt sie mit Paul dauernd an Grenzen in ihrer Familie und Umgebung. Indirekt hat man ihr wohl schon vorgeworfen, sie sei eben »zu alt« gewesen oder habe in der Schwangerschaft zu viel gearbeitet (was in ihrem Fall an den Haaren herbeigezogen ist). Oder es sei unsinnig und verlorene Liebesmüh, sich um *so ein Kind* zu kümmern, das irgendwann sowieso im Heim landen würde ...

Sie schlug vor, im Herbst oder nächstes Jahr im Zentrum über die Kluft von Theorie und Praxis zu referieren. Viele Frauen haben ja Angst vor behinderten Kindern – das ist in der Beratung immer wieder Thema. Doch Bianca sagte, es bestehe ein himmelweiter Unterschied zwischen dem, worüber wir geredet hätten (auch im Hinblick auf »Eugenik«), und dem, was sie erfahren habe und tagtäglich erlebe. Ich hatte den Eindruck, sie bereut es ein wenig, gekündigt zu haben. Doch andererseits ist sie momentan wirklich rund um die Uhr mit dem Kind beschäftigt.

Ein Brief voller Probleme ...

Liebe Vivian, was macht Vanessa, und was ist aus ihren Studienplänen geworden? – Ich bin so voll von den Problemen anderer, daß ich unsere und vor allem meine eigenen fast nebensächlich finde. Rolf ist zur Zeit nahezu jeden Tag hier, ohne daß wir uns übermäßig nerven. Er findet die Aussicht, demnächst wirklich alleinerziehender Vater zu sein, nach wie vor spannend und freut sich darauf. Ich denke, dahinter steckt auch ein bißchen Eitelkeit, aber das finde ich nicht sehr verwerflich. Die haben Frauen bzw. Mütter bei solchen Entscheidungen doch auch, oder?

Ich grüße Dich heute abend ganz lieb! Wo treibst Du Dich eigentlich herum?

Deine Ruth

Kassel / 3. April 1995 / 23.00 Uhr

Liebe Vivian,
mein süßer, schnuckeliger Sohn hat ein neues Hobby entwikkelt: Wie spiele ich mit Papa und Mama Monopoly ...
Ich muß mich zusammenreißen, denn ich könnte auf ihn losgehen und tätlich werden!
Ja, ich weiß: Kinder sind *eigentlich* unschuldige Wesen und in Trennungssituationen der Eltern besonders betroffen. Und irgendwo müssen sie auch hin mit ihren Frustrationen. Ich weiß das! Und trotzdem könnte ich ihn würgen. (Behalte es für Dich!)
Jan sagt nicht nur ständig zu mir »Rolf sagt aber« und zu Rolf »Ruth sagt aber«. Seiner Lehrerin hat er geklagt, weder Rolf noch ich wären je zu Hause, wenn er aus der Schule kommt, sein Vater habe eine neue Freundin und ich würde dauernd auf Frauenseminare fahren ... Dazu mußt Du wissen, daß Jan in den vergangenen drei Wochen nicht ein *einziges* Mal alleine war und, wie mein Kalender beweist, ganze drei Male auf eigenen Wunsch bei seinem Freund übernachtet hat. Anscheinend hat er ohne Scham an das Betroffenheitsgefühl seiner (nicht besonders sympathischen) neuen Lehrerin appelliert und behauptet, er sei ein vernachlässigtes Kind! Zum Beispiel hat Jan ihr erzählt, daß er abends immer alleine sei, daß seine Eltern sich immer stritten, daß es bei uns nichts zu essen gebe und ich heiraten wolle – einen anderen Mann als Rolf.
O Gott!!! Warum lügt er so? Was treibt ihn dazu, er ist doch nicht doof?
Ich fühle mich ganz schlecht, obgleich ich mich heute (Rolf und ich wurden zum Schulpsychologen zitiert) gewehrt habe. Irgendwie muß es ja für Jan sehr schwierig sein, er wird Gründe haben, sich dermaßen perfide zu äußern, vielleicht irgendwelche Ängste ...
Ich bin traurig und wütend. Ich will ihn doch nicht verunsichern oder indirekt zu solchen »Maßnahmen« zwingen. Es geht ihm, glaube ich, nicht besonders gut. Aber ich habe zu-

gleich den Eindruck, daß er durch seine Phantasie und Offenheit in der Schule falsch eingeschätzt wird, daß die Lehrer und Lehrerinnen beispielsweise davon ausgehen, daß, sobald Jan irgend etwas erzählt, sie *uns* sowieso nicht mehr trauen können, weil Kinder in der Regel erst von Problemen sprechen, wenn es fast zu spät ist ...
Ich fühlte mich heute bei diesem Termin in der Schule ziemlich mies, die Blicke ... Anfangs hatte ich das Gefühl, man glaubte uns kein einziges Wort, sondern dachte an sexuellen Mißbrauch, Kindesmißhandlung, geschlagene oder auf den Strich gehende Frau – und, merkwürdig, daß sie uns auf »Normalfamilie« testen ... Erst als nach etwa 15 Minuten das Gespräch auf unsere Berufe kam, wurde dieser Psychologe auf einmal beinahe kollegial: »Im Familienplanungszentrum arbeiten Sie? – Dann sind Sie ja fast Kollegin!« – Und zu Rolf: »Was ist denn das Thema Ihrer Dissertation? – Interessant!« – Anschließend völliger Wechsel der Tonlage: statt »*Wir* meinen, daß ...« nun auf einmal »Was denken *Sie* denn, warum Ihr Kind ... ?«
Weißt Du, Vivian, auch das fand ich ekelhaft und verlogen, obwohl wir davon profitiert haben, und ich habe es mir kaum verkneifen können, das zu sagen. Es ist doch heute hinreichend bekannt – das sagen alle Statistiken und Beobachtungen –, daß Kindesmißhandlungen nicht häufiger bei »asozialen« oder armen Leuten vorkommen als in »besseren Kreisen«. Trotzdem war die Schere bei diesem Fachmann im Kopf genau so angelegt: Mutter Sozialarbeiterin mit studiertem Hintergrund, Vater künftiger Doktor der Philosophie ... Alles klar, kein Verdacht mehr ... Ich fand das so ungerecht und falsch!!!
Und jetzt, nur darüber konnte ich *dort* nicht reden, plagt mich ein schlechtes Gewissen, weil ich diesem Typen nicht übern Mund gefahren bin. Und ich mache mir Gedanken. Jan geht es offenkundig nicht gut, und wir machen wahrscheinlich doch nicht alles so richtig, wie wir es wollen ...
Ich bin ganz verwirrt und würde gerne mit Dir telefonieren.

Liebe Grüße von Deiner Ruth

Hamburg, Donnerstag, den 6. April 1995

Liebe Ruth,
Dein Sohn ist ein Scheusal!
Dein Jan-Brief klingt ja bedrohlich. Doch ich bin der Überzeugung, daß Deine Skepsis gegenüber diesem Schulpsychologen richtig ist, auch wenn Jan mit Sicherheit an Eurer Trennung zu knusen hat. Ich kann Jan ein bißchen verstehen, aber ich will nicht, daß er meine liebste Freundin quält! Doch: Jan kann nichts dafür – es sind die *Verhältnisse.*
Ich schreibe Dir heute nur einen kurzen Gruß, denn ich ersticke in Arbeit. Bis Montag muß ich das Dossier über Familienpolitik fertiggestellt haben, und auf meinem Schreibtisch stapelt sich immer noch Ungelesenes zu diesem Thema. In den vergangenen Tagen war ich eher lustlos bei der Sache, denn ich habe den Eindruck, daß ich keinen roten Faden finde.
Statt dessen übe ich laufend Familienpolitik live: Vanessas Idylle ist zur Zeit eher streßbeladen. Es sieht so aus, als habe Marie Keuchhusten, d. h., sie wird vorläufig von all den anderen Kindern getrennt gehalten, und damit ist auch Vanessa gehandicapt, wenn nicht Gerhard oder ich auf den Satansbraten aufpassen. Mir scheint zudem, Prinzessin Marie neigt zu einer gewissen Frühreife, denn sie erforscht mit einer unglaublichen Behendigkeit ihre Umgebung, ohne Rücksicht darauf zu nehmen, ob sie »kindersicher« ist: Vor einigen Tagen hat sie innerhalb von zehn Minuten eine alte, unersetzliche Musikkassette von mir entspult, meine Kopfschmerztabletten in einer Schublade entdeckt und die Parfumflaschen im Badezimmer aufgedreht ... – Ich muß meine Wohnung kleinkindsicherer gestalten oder mich darauf einlassen, daß, wenn Marie hier ist, alle Räume bis auf Küche und Schlafzimmer tabu sind.
Vanessa steht jetzt auf der Warteliste des hiesigen Studentenkindergartens, in dem es Plätze für die ganz Kleinen gibt. 48 Kinderhortplätze, davon 18 für Babys und Kleinkinder – ist das nicht wirklich etwas wenig? Es soll 2800 studierende Mütter in Hamburg geben. Vanessa hofft, daß es im Herbst trotzdem

klappt, denn dann macht ein zweiter Kindergarten für Kinder von StudentInnen auf …

Gerhard kann seine Arbeitszeit eventuell doch reduzieren, aber nur um den Preis einer Abteilungsversetzung. Sie wollen mit der Entscheidung noch warten, sie von Krabbelgruppengründung oder Maries eventueller Unterbringung in einer vorhandenen Krippe abhängig machen.

Nicht, daß Du denkst, ich sei nur noch großmütterlich beschäftigt: Am Wochenende weilte ich bei meinem Geliebten in Frankfurt. Es war etwas schwierig, denn ich hatte den Eindruck, daß ihn das Thema Familienpolitik überhaupt nicht interessiert. Obwohl er eine erwachsene Tochter aus seiner Ehe und diesen kleinen, bald zehnjährigen Sohn hat, für den er aber offensichtlich bloß Besuchsvater und Unterhaltszahler ist. Unsere Diskussionen darüber schrammten hart an Streitereien vorbei, denn er ist der Meinung, daß es so in Ordnung ist und er ein passabler Vater sei. Mir fiel es schwer, das zu glauben, denn es paßt schlecht in das schöne Bild, was ich mir von diesem Mann gemacht habe …

Was Du von Deiner Kollegin Bianca berichtest, hat mich wütend gemacht. Es entspricht genau den Erfahrungen meiner behinderten Freundin, daß nämlich die Situation für behinderte Kinder und deren Mütter nur scheinbar entspannter geworden ist. Es gibt ein hilfreiches, wenn auch schon etwas älteres Buch von Eltern eines behinderten Mädchens, die versuchen, dem »Therapiezwang« etwas entgegenzusetzen (von Götz Aly und seinen Frauen – es heißt »Kopfkorrektur«). Und dann noch eines von einem Hamburger Autor, der selbst Spastiker ist und aus dieser Perspektive beschreibt, welchem Leistungsstreß behinderte Kinder ausgesetzt sind (Udo Sierck: »Das Risiko nichtbehinderte Eltern zu bekommen«). Vielleicht wäre das etwas für Deine Kollegin?

Ich bin müde, liebe Ruth, und verabschiede mich für heute. – Ich drücke Euch die Daumen, was die Wohnungspläne betrifft!

Vivian

Kassel / 17. April 1995 / 15.00 Uhr

Liebe Vivian,
Ostermontag, Jan ist seit gestern bei Rolf. Ich will die Stunden der Ruhe und Kinderlosigkeit nutzen, um Dir zum Geburtstag zu gratulieren und ein wenig zu berichten, was sich hier so tut. Mein Geburtstagsgeschenk bekommst Du leider erst, wenn wir uns (hoffentlich bald und wo?) wiedersehen.
Wir hatten am vergangenen Mittwoch eine zentrumsinterne Fortbildung zum Thema »Humangenetische Beratung und Pränataldiagnostik« – durchgeführt von einem Fachmann der Universitätsklinik Gießen. Leider konnte Bianca aus verschiedenen Gründen nicht daran teilnehmen; ich hätte das sehr begrüßt, aber einige andere Frauen wollten es nicht, weil sie mit ihrer persönlichen Geschichte zu sehr vom Thema betroffen sei ... Außerdem hätte sie den Kleinen mitbringen müssen.
Der Referent hielt einen Diavortrag und schien ein wenig Angst vor uns Frauen zu haben, er war jedoch glänzend vorbereitet, auch auf die kritischen Fragen. Im ganzen hatte er uns gut im Griff, was mich geärgert hat, und warf mit Schlagworten wie »Selbstbestimmungsrecht der Frau« herum. Es sei Blödsinn, daß humangenetische Beratung etwas mit Eugenik zu tun habe, denn niemandem ginge es um den »Genpool« der Gesamtbevölkerung. Der Humangenetik von heute ginge es um die »freie Entscheidung der Ratsuchenden und deren Wohl«. Und ein anderes Zitat: »Sowohl die offene Spina bifida als auch das Down-Syndrom führen fast stets zu einer extremen Belastung der Familie, besonders der Mutter. Diese Belastung ist einerseits schwerer, andererseits aber berechenbarer als andere Notlagen.« – Er behauptete, das Ziel sei immer eine »nicht-direktive« Beratung, und dementsprechend bildeten sie auch ihre Leute aus. Er räumte jedoch ein, daß es in der praktischen Umsetzung dabei Probleme gebe – Frauen und Männer, auf die das nicht angewendet werden könne, denn sie hätten einen nicht unerheblichen Prozentsatz Ratsuchender »mit schlechter Schulbildung, Leute aus einfachen Verhältnissen, Ausländer mit

Sprachschwierigkeiten, Jugendliche, geistig beschränkte Personen ...«. Diese Ausdrucksweise fanden sogar einige meiner unkritischeren Kolleginnen wenig liberal. Doch er reagierte jovial: »Aber meine Damen, wir sind doch hier unter Kollegen – *Sie* kennen derartige Problemfälle doch auch!«

Auf meine Frage, was denn angemessen sei, wenn eine Frau trotz »positiven Befundes« (Hinweis auf Behinderung der Frucht) die Schwangerschaft fortsetzen wolle, sagte er: »Das kommt so gut wie nie vor. Man muß ihr nur klarmachen, welche Kosten auch auf die Gesellschaft zukommen, wenn sie dieses Kind austrägt.«

Ich habe, falls es Dich interessiert, ein paar aktuelle Materialien über heutige humangenetische Beratungsarbeit, die ich Dir bei Gelegenheit kopieren kann.

Ich fand die Veranstaltung (auch den Mann) ziemlich gruselig. Einiges, was er berichtete, war trotzdem lustig. Zum Beispiel erzählte er von einem ungeplanten Nebeneffekt der humangenetischen Untersuchungen beim Anlegen der Familienstammbäume (das beinhaltet heute oft auch Blutuntersuchungen der Verwandtschaft): Der Prozentsatz von falsch angegebenen Vätern sei riesig, d.h., auch viele unserer Mütter sind bereits vom Pfad der ehelichen Tugend abgewichen und haben die Früchte ihrer Untaten den Ehemännern untergeschoben. Ha!

Umgekehrt – und weniger lustig – zwingen manche Ehemänner ihre schwangeren Frauen in die Beratung, um sich ihrer biologischen Vaterschaft zu vergewissern ... Und es ist eine Tortur für die Frauen, diese Untersuchungen über sich ergehen zu lassen.

Im Anschluß an die Veranstaltung, als der Referent schon gegangen war, entzündete sich noch eine recht unschöne Debatte unter uns. Von uns neun Frauen beschäftigen sich nur drei etwas kritischer mit dem Thema, haben auch Interesse daran, Veröffentlichungen aus der Frauenbewegung bzw. den Behindertengruppen zu lesen. Ich habe mich ein wenig einsam gefühlt, zumal mich dieser Arzt-Macker vorher etwas süffisant in die Nähe der katholischen Kirche rücken wollte und ich wenig

Unterstützung von den Kolleginnen erhalten habe. (Er sagte: »Nun, eine *Lebensschützerin* hätte ich hier nicht erwartet! Nach meinen Informationen ist das doch hier ein Beratungszentrum in der Tradition von Aufgeschlossenheit und Liberalismus, in dem die Nöte der Frauen ernst genommen werden?«)
Rolf und Jan ziehen am 29. Mai in die Wohnung am Bebelplatz. Ich werde mir demnächst eine Untermieterin suchen müssen. Was ich wirklich schön finde, ist, daß unsere Wohnungen dann nur 500 Meter voneinander entfernt sind, Jan keinen Schulwechsel vornehmen muß und sich eigenständig von einer in die andere Wohnung bewegen kann.

Liebe Grüße von Deiner Ruth

Frankfurt – Hamburg, Montag, den 1. Mai 1995

Liebste Ruth,
ich bin traurig.
Wenigstens *Du* hast Dich den Versuchungen, die das männliche Geschlecht bietet, vorübergehend entzogen – sei froh darüber!
Dies ist ein kurzer und voraussichtlich etwas depressiver Brief aus dem ICE. – Ich komme von einem Wochenendbesuch bei meinem Liebsten, und leider haben wir uns diesmal – bei aller Liebe – doch lange und heftig in die Haare gekriegt. Es ist mir unbegreiflich, wie ein Mann wie Jochen, der eigentlich intelligent, klug und auch vielseitig interessiert ist, so *selbstverständlich* dummes Zeug reden kann, wenn es um sein eigenes Kind geht!
Er hält mich, was Mütter und Kinder betrifft, offenbar für mittelschwer hysterisch und ist mit sich selbst und der Welt zufrieden, was dieses Thema angeht. Er merkt gar nicht, daß er weder nachdenkt geschweige denn positiv handelt, was seinen Sohn betrifft. Kinder gehörten nun einmal zur Mutter, das sei schon

immer so gewesen, Frauen könnten das besser, er bewundere sie ja auch dafür ... Er habe außerdem – bravo! – immer pünktlich gezahlt, dieses Kind sei nicht geplant gewesen, er habe die Mutter bis heute in Verdacht, daß sie es unabgesprochen darauf angelegt habe. Im übrigen sei Jonas doch mindestens einmal im Monat bei ihm und sie hätten einen guten Draht zueinander. Es sei schwierig genug gewesen, dieses Prozedere organisatorisch zu bewältigen, denn die Mutter habe sich nicht darauf einlassen wollen, sich nach seinen beruflichen Verpflichtungen zu richten. Je älter Jonas nun werde, desto mehr gewinne er allerdings den Eindruck, daß der Junge ein wenig zu verweichlicht sei und ab und zu männliche Gesellschaft brauche ...
Ruth? – Liebe Freundin, kannst Du verstehen, daß ich es gräßlich fand, solche Worte aus dem Mund meines schönen, weltgewandten und klugen Geliebten zu hören? – Ich habe diesen Kerl doch gern, ich vertraue ihm, ich glaubte sogar, ich liebe ihn. – Wie kann er so reden? Wie kann er von einem so wichtigen Thema nichts verstehen (wollen?) und auch noch in Kauf nehmen, mich zu verletzen? – Ich kenne die Mutter seines Sohnes nicht, doch ich war in unserer »Diskussion«, diesem Streit, vom Gefühl her auf ihrer Seite. Selbst wenn es stimmt, daß sie dieses Kind ohne sein Einverständnis bekommen hat – *er* hat doch offensichtlich mit ihr rumgevögelt und es darauf ankommen lassen, oder? Und *er* bestimmt, wann *er* Zeit hat für den Jungen. Und ist beleidigt – soweit ich das überblicke –, wenn *sie* die gleichen Ansprüche stellt.
Erst dachte ich, er wolle mich provozieren, doch mir wurde schneller als ich wollte klar, daß dieser Mann leider keinen blassen Schimmer von Kinderbedürfnissen oder gar denen von Müttern hat. Und ich befürchte, daß er nur um des lieben Friedens willen versprach, sich auf diesem Gebiet ein wenig zu bilden. Ich bezweifle aber, daß er meine Einwände und meine Wut wirklich ernst genommen hat. – Ich werde es ja merken!
So, und nun fahre ich etwas zerknirscht wieder in den Norden. Keine Angst, Ruth, wir haben uns nicht drei Tage lang nur gestritten, aber es ist schon ein großer Wermutstropfen für mich

zu registrieren, daß dieser sympathische Mann, mit dem ich gerne schlafe und mich unterhalte, auf einem mir so wichtigen Gebiet einfach ein Versager ist.
Vergangene Woche habe ich mir nun endlich ein bißchen Lesematerial über die Wechseljahre besorgt, u.a. die Broschüre, die Du mir empfohlen hast. Es nutzt nichts – wenn ich nicht hormonpillengläubig werden will, muß ich wahrscheinlich wohl oder übel ein bißchen mehr auf meine Ernährung achten und vielleicht sogar ein wenig Sport machen. Noch ist mir vor allem dieser letzte Gedanke sehr fremd, aber ich fühle mich in letzter Zeit oft so träge und mißmutig, leicht angestrengt und manchmal morgens beim Aufwachen schon müde. Kannst Du Dir mich *sportlich* vorstellen? – Nein, ich kann es auch nicht. Aber vielleicht regelmäßig schwimmen gehen?

Mit guten Vorsätzen für die Zukunft – Vivian

Nachsatz: Einen schönen 1. Mai für Dich! – Mir ist heute leider gar nicht zum Feiern.

Kassel / 14. Mai 1995 (Muttertag) / 22.30 Uhr

Liebe Vivian,
ich hasse Muttertag!!!
Mein armer Sohn wird in der Schule völlig versaut. Diese schreckliche Lehrerin hat die Kids offensichtlich gezwungen, Muttertagsgeschenke zu basteln und ihnen dazu irgendwelche Rührgeschichten über Mutterliebe und mütterliche Herzen erzählt. Und als sei das noch nicht genug, mußten die Kinder Berichte abgeben, irgend etwas erzählen, woran sie gemerkt hätten, daß ihre Mutter sie ganz besonders liebt ...
Jan kam jedenfalls heute früh leicht verunsichert mit einem gräßlichen Bild »Für die liebe *Mama*« sowie einem Eierbecher aus Pappmaché an mein Bett und druckste etwas herum: »Ich

weiß ja, daß du so was nicht so magst, aber wir sollen das heute unserer Mutter schenken.«
Ich wäre fast geplatzt vor Wut, zugleich hat er mir aber auch leid getan, weil er sich ganz offensichtlich in einem Zwiespalt zwischen den unterschiedlichen Anforderungen befindet. Ich war auch ärgerlich über mich, denn ich hätte mir eigentlich an fünf Fingern abzählen können, daß am Muttertag so etwas kommt. Aber ich war schlecht vorbereitet, hatte das Thema überhaupt nicht parat, denn wir haben ja im Kindergarten damals auf solche Pflichtübungen ausdrücklich verzichtet ... Folglich habe ich nur vor mich hin gegrummelt, Nazitag ... Woraufhin mein aufgehetzter Sohn mich zurechtwies und meinte, Frau Mehring habe aber gesagt ... (Und Frau Mehring, diese Zimtziege hatte natürlich recht, denn sie hat den Kindern etwas von USA erzählt und von Blumenhändlern und daß die Nationalsozialisten diesen Tag okkupiert haben. Trotzdem sei es doch schön, wenn alle Kinder an diesem Tag ihren Müttern zeigten, daß sie ihnen dankbar seien, Pipapo ...)
Ich fand die Situation beklemmend und doof. Ich will nicht, daß mein Sohn mit solchen reaktionären Mutteridyll-Vorstellungen zugeschüttet wird. Er hat es als »Vaterkind« schon schwer genug unter seinen Mitschülern, und nun kommt auch noch die neue Lehrerin mit solchem altmodischen Schmus an ... Mir graut schon vor Weihnachten, wenn das so weitergeht.

Genervte Muttertagsgrüße von Deiner Ruth

P.S.: Ich habe übrigens vorläufig beschlossen, mich nicht sterilisieren zu lassen. Zur Zeit enthalte ich mich ja ohnehin der Genüsse des »Verkehrs«. Und mir ist das, was ich darüber bislang in Erfahrung bringen konnte, zu widersprüchlich. Zudem es wieder einen Angriff auf *meinen* Körper bedeutet ... Also lebe ich jetzt wie eine Nonne!

Hamburg, Samstag, den 20. Mai 1995

Liebe Ruth, Du arme muttertagsgeschädigte Feministin!
Was hältst Du von einer kleinen Pfingstreise? Wir beide – zwei ältere, alleinstehende Damen – am Meer?
Wir könnten in Rantum auf Sylt fast umsonst wohnen, denn ein Kollege von mir hat dort eine Ferienwohnung, die er manchmal nicht braucht und anderen zur Verfügung stellt.
Ich halte diese Idee für sehr verlockend:

1. Meer
2. Spazierengehen
3. Essen gehen
4. Ohne Liebhaber und Kindsväter
5. Ohne Kinder und Enkelkinder
6. Bei Sonnenschein im Strandkorb sitzen und lesen.

Die Bahn fährt direkt nach Westerland – ich bin schon einmal dort gewesen. Vom Westerländer Bahnhof ist es nicht weit bis Rantum. Fahrräder können wir auch mieten – die Insel ist wunderbar zum Fahrradfahren, wenn es nicht zu sehr stürmt.
Ich könnte vom 2. Juni (Anfahrt) bis zum 6. Juni (Abfahrt). Und ich lade Dich ein!
Sag bitte ja!

Vivian

Nachsatz: Ich war am Mittwoch beim Abschiedskonzert von Mikis Theodorakis – Maria Farantouri hat gesungen. Sehr eindrucksvoll. Auch dieser olle Mann beeindruckt mich, obwohl er sexistisch ist und ihm mittlerweile auch reaktionäre Politik nachgesagt wird. Aber singen und Musik machen kann er! – Und ich fühlte mich zurückversetzt in meine Jugend, die Freude über die Niederlage der griechischen Junta ... Ach, Ruth, ich bin melancholisch und wie eine Alte. Fährst Du trotzdem mit mir auf die Insel?

HAMBURG 01/06/1995 16.11 UHR

TELEGRAMM

VANESSA IST IM KRANKENHAUS – REISE GEFAEHRDET – BITTE ANRUFEN VIVIAN

Hamburg, Donnerstag, den 8. Juni 1995

Liebe Ruth, Freundin und Teilhaberin an feministischen (Reise-)Träumen, die sich nicht verwirklichen lassen!
So ist es immer wieder im Leben: Auf der einen Seite steht die Theorie, auf der anderen die Praxis.
Vanessa ist wieder zu Hause, die Operation verlief völlig komplikationslos; ein Blinddarm ist ja heute keine große Sache mehr. Ich bin froh, daß es alles gut verlaufen ist, denn vor einer Woche sah es sehr dramatisch aus. Es soll durchaus vorkommen, habe ich mir erzählen lassen, daß es bis zum Durchbruch kaum Beschwerden gibt und dann plötzlich akute Lebensgefahr besteht. Insofern waren meine Ängste berechtigt.
Prinzessin Marie hat die Tage mit Vergnügen überstanden, und ich hätte sie wahrscheinlich auch bei Gerhard lassen können. Doch ich machte mir ja vor allem Sorgen um Vanessa, und es hätte mich sehr beunruhigt, telefonisch nicht erreichbar zu sein …
Es tut mir leid. Vielleicht ergibt sich noch einmal eine so schöne Gelegenheit. Ich würde sehr gern mit Dir nach Sylt fahren, denn entgegen Deinen Vorbehalten ist es gar nicht allerorts überlaufen und eine Insel nur für reiche Leute. Es ist wunderschön da: mit einem richtigen Meer und einer echten Brandung!
Vanessa ist noch ein bißchen angeschlagen, aber schon wieder auf Achse. Sie wird im Herbst ihr Studium fortsetzen, so oder so. Allerdings könnte es frühestens im November etwas werden mit der Kindergruppe. Sie sind jetzt auf der Suche nach entspre-

chenden Räumlichkeiten. Auf der Warteliste im StudentInnenkindergarten stehen leider mehr als 50 Kinder (es könnte also sein, daß Marie schulpflichtig ist, ehe sie dort aufgenommen werden kann). Vanessa und Gerhard müssen sich jetzt dort vorstellen, doch sie haben kaum Chancen, weil in der Regel die Kinder vorgezogen werden, deren Eltern alleinerziehend sind oder beide studieren.

Und denk Dir: Sie suchen nun doch eine Wohnung in der Stadt. Vanessa würde am liebsten mit anderen Eltern zusammenziehen, doch die gegenwärtige Lage am Wohnungsmarkt verspricht bisher nichts Gutes – von den Kosten ganz zu schweigen. Mehr als 1000,– DM können sie für die Miete nicht bezahlen. Wie machen das bloß andere junge Paare? Die interessanten Angebote bewegen sich zwischen 1500,– und 2500,– DM.

Wir hatten heute ein entzückendes Streitgespräch in der Redaktion: Thema »Frauen und Macht«. Der Leiter des Ressorts Politik und Zeitgeschichte (wozu auch Familien- und Frauenpolitik zählen) meinte doch allen Ernstes, die Gleichberechtigung sei weitgehend durchgesetzt und heutzutage seien eher die *Männer* benachteiligt. Frauen würden überall bevorzugt eingestellt, Frauen hätten mehr Möglichkeiten, weil sie zwischen Beruf und Familie wählen könnten, Frauen hätten zudem in ihrer Funktion als Mütter Macht über Frauen und Männer.

Ich war besonders über den letzten Punkt empört, weil das eine steinalte dümmliche Argumentationslinie ist, über die ich mich schon seit zehn, fünfzehn Jahren ärgere. Meiner Meinung nach ist es infam, im Zusammenhang mit Mutterschaft von Macht im Sinne von Teilhabe an gesellschaftlicher Macht zu sprechen. Und selbst die psychologische Macht ist äußerst begrenzt. Nur, weil Mütter die Arbeit machen, wird ihnen unterstellt, sie hätten unbegrenzte Möglichkeiten, ihre Kinder zu beeinflussen. Meines Erachtens sind das entweder Wunschgedanken oder Angstvorstellungen, denn Sozialisation findet ja – sogar in den abgeschlossensten Käseglocken-Familien – vielseitiger statt als nur über die Mama.

Ich war sehr verärgert darüber, mich immer wieder mit solchen

platten Vorurteilen herumschlagen zu müssen. Immerhin bestimmt dieser Mann, was thematisch passiert in der Redaktion. Er ist der Chef! – Doch es war noch nie möglich, differenzierter mit ihm zu diskutieren.
Ärgerlich ist ja auch, daß solche Nicht-Auseinandersetzungen den Blick verstellen auf tatsächlich vorhandene Probleme und auf Nuancen von Wahrem in Falschem. Zum Beispiel bin ich durchaus der Meinung, daß Mütter mehr Möglichkeiten und auch Einfluß haben, als sie gemeinhin wahrnehmen oder sich bewußtmachen. Sie lassen sich zuviel gefallen, und sie haben zu wenig Phantasie. – Ja, ich weiß, ich träume schon wieder von meinen vagabundierenden Frauengruppen und Mütterbanden, die sich nicht durch die Brut an Küche und Kinderstube fesseln lassen ...
Mein Liebster hingegen hat sich – Göttin steh mir bei! – marginal gebessert. Er hat – entgegen meiner Skepsis – nicht nur »Die Fesseln der Liebe« von Jessica Benjamin gelesen, sondern sich selbständig (!) noch mehr Literatur zum Thema besorgt. Nun führt er Gespräche über das Thema mit der Kindsmutter seines Sohnes, was mich fast ein wenig eifersüchtig macht. Nein, nein, es ist ja gut und richtig so. Er will in Zukunft – so sagt er – für seinen Göttersohn stärker präsent sein, und ich kann ja schwerlich etwas dagegen haben, auch wenn ich befürchte, daß das unsere kinderfreien Wochenenden beeinträchtigen wird.
Wenn das so weitergeht, bist *Du* bald die Frau ohne Kind, während ich mich in meinem Alter mit den Blagen anderer Leute abgeben muß. Verkehrte Welt, oder?

Vivian

Nachsatz: Ich freue mich auf den Besuch bei Dir, auch wenn es nur ein Abend sein wird! Hoffentlich kommt dieser Brief noch vor mir an. Mein Zug (ICE 574 aus Frankfurt) fährt um 18.17 Uhr in Wilhelmshöhe ein.

Kassel / 12. Juni 1995 / 20.45 Uhr

Liebe Vivian,
nach Deiner Abreise kommt mir die Wohnung leer vor. Das wird aber nicht mehr lange so bleiben, denn am kommenden Wochenende zieht meine Untermieterin ein. Es stehen also schon wieder Veränderungen ins Haus ...

Es war schön, mit Dir zu reden. Ich habe auch das Kaffeetrinken mit Jan und Rolf relativ spannungsfrei empfunden, und ich freue mich, daß Dein Eindruck meinen bestätigt. Es war, hoffe ich, wirklich die richtige Entscheidung, getrennt zu wohnen.

Natürlich sind nicht alle Probleme dadurch gelöst, doch mir scheint, Rolf geht in letzter Zeit viel sanfter und besser mit Jan um. Vielleicht hatten wir tatsächlich, wie Du sagst, eine Art Konkurrenz entwickelt.

Conny war vorhin auf einen Sprung hier. Sie wird wahrscheinlich im Herbst, spätestens nächstes Frühjahr, nach Hamburg ziehen. Demnächst muß sie zur Aufnahmeprüfung an die Hamburger Hochschule für Wirtschaft und Politik, und sie ist eifrig dabei, sich vorzubereiten. So liest sie den *Spiegel* und die *FAZ* und konnte mich heute bereits über die geplanten Abgeordneten-Diätenerhöhungen und die Tarifverhandlungen im Einzelhandel aufklären ... Hoffentlich klappt es mit ihrem Studienplatz, denn sie freut sich so und geht mit sehr viel Optimismus ran.

Ich habe heute im Zentrum gefragt, wann ich ein verlängertes Wochenende nehmen könnte für unsere geplante Sylt-Reise. Es geht eigentlich immer (ich habe noch viele Überstunden), nur nicht im August, denn da sind schon drei meiner Kolleginnen im Urlaub. Du kannst also einfach fragen, wann die Wohnung frei wäre ...

Heute kam Bianca mit dem Kleinen ins Zentrum. Sie muß dreimal in der Woche mit ihm zur Therapie und ist reichlich eingespannt. Paul kann den Kopf noch nicht selbständig halten, obwohl er nun bald sechs Monate alt ist. Und sie hat zwei interessante Bücher zum Thema »Eugenik« mitgebracht (siehe unten).

Außerdem berichtete sie von einer Eltern/Müttergruppe von Betroffenen, also lauter Eltern mit behinderten Kindern, die ihr viele Ratschläge und Hilfestellungen gegeben haben, insbesondere, was die Ämter betrifft. Sie will vielleicht wieder in die Stadt ziehen, weil sie nicht alleine in dem Haus wohnen mag und die Wege zu Ärzten, Therapien usw. zu weit sind. Vielleicht zieht aber auch eine andere alleinerziehende Mutter mit ihrem behinderten Kind bei ihr ein.
Gute Nacht, liebe Vivian, ich gehe jetzt schon ins Bett, will noch ein bißchen lesen …

Deine Ruth

P.S.: Die Bücher, die Bianca mitbrachte, heißen »›Hauptsache, es ist gesund‹?« (Theresia Degener und Swantje Köbsell) und »Lebensqualität statt Qualitätskontrolle menschlichen Lebens« (Anne-Dore Stein).

P.S.2: Eben rief Rolf an, ganz aufgebracht: Seine Mutter hat seiner Schwester in einem Brief geschrieben, ich würde ihn als Babysitter ausnutzen und ihm die Karriere vermasseln …

Hamburg, Mittwoch, den 21. Juni 1995

(Sommeranfang! Doch es ist windig und kühl hier im Norden.)

Liebste »Rabenmutter« Ruth!
Also fahren wir schon übernächstes Wochenende nach Sylt! Ich freue mich! Du wirst sehen, es wird Dir gefallen. Und vielleicht können wir ja sogar schon ins Meer gehen – wenigstens in eine Strandsauna! – Ich erinnere mich an eine lustige Episode, als ich das zweite Mal auf Sylt war, über die ich mich damals heftig erschrocken habe. Es war im Winter, ich ging mit einer Kollegin

am Strand spazieren, dick eingepackt, denn es war kalt und stürmisch. Auf einmal rannte ein dicker, roter, vollständig nackter Mann quer über den Strand und stürzte sich ins eiskalte Wasser. – Ich dachte an einen Flitzer oder einen Verrückten, denn ich kannte bis dato keine Strandsauna. Meine Kollegin hat sich halbtot gelacht über mein verdutztes Gesicht. Das muß vor gut zehn Jahren gewesen sein.

Vanessa und Gerhard haben Aussicht auf eine Wohnung in Altona. Leider ist sie teuer (1200,– DM), aber dafür in einem Haus mit lauter Kleinkindern. Es scheint eine nette und praktische Hausgemeinschaft zu sein; Vanessa kennt einige Leute von den Kinderladen-Treffen und eine der Frauen aus dem Mütterzentrum. Andererseits hat Vanessa etwas Angst davor, nur noch mit Müttern zu tun zu haben. Das verstehe ich gut. Gerhard wird, sobald Vanessas Studium beginnt, aber weiter mit voller Stundenzahl arbeiten müssen. Die Personalabteilung hat jegliche Form einer Reduzierung seiner Arbeitszeit abgelehnt. Nun spielt er mit dem Gedanken, langfristig einen anderen Job zu suchen. Doch im Augenblick wäre das wahrscheinlich wirklich zu waghalsig, schon aus finanziellen Gründen.

Bis wir verreisen, habe ich noch viel zu tun. Göttin sei Dank sind es diesmal keine Themen, die mit Mutter und Kind oder Familienpolitik zu tun haben. Ich mache gerade eine 50-Minuten-Sendung über die Frauenworkshops beim Kirchentag fertig. Dort ging es vor allem um aktuelle Umweltfragen – Shell! – sowie die Rolle und Unterdrückung von Frauen in der Institution Kirche. Diese Frauen! – Ehrlich gesagt, waren meine Gefühle ähnlich gemischt wie beim Frauenstreiktag. Ich mag sie, und ich mag sie nicht! Sie sind so klug in den vielen kleinen Einzeldingen, bei den großen passen sie sich allzuoft von vornherein an … Die Synodalpräsidentin, eine sympathische, nette Lady in meinem Alter (Kinder hat sie auch), mochte sich in den »großen Fragen« zu keiner Stellungnahme vor dem Mikrofon hinreißen lassen: weder zum Asylrecht noch zur Versenkung der Shell-»Insel«. Es hatte wohl einen Riesenstreit hinter den Kirchen-

tagskulissen darüber gegeben. Aber als Benda und Kohl sich kurz vor Kirchentagsschluß dann eindeutig (?) gegen Shell ausgesprochen haben, kamen ihr die Tränen – ich vermute, ehrliche Freudentränen ...
Dennoch: *Was tun diese Weiber* mit der ihnen zur Verfügung stehenden Macht? Sie passen sich an, und wenn sie »gut« sind, passen sie sich populistisch an. Unsere werte und weltberühmte Bischöfin hat sich während des Kirchentages Rikscha-fahrend (!) filmen und interviewen lassen – ich war geneigt, sie zu fragen, ob es ihr nicht auch in einer Sänfte gefallen hätte ...
Diese Weiber sind jenseits von Gut und Böse; sie behaupten zwar, Verantwortung zu tragen und sich für *uns* – einschließlich der Frauen – einzusetzen, aber ich bin skeptisch. Wenn sie nicht einmal kapieren, daß die Erlaubnisse von Kohl und Benda belanglos sind, weil nur Stimmungen geschuldet, wenn sie sich als dämliche Symbolfiguren für scheinbar alternative Verkehrspolitik hergeben ... Bitte schön, aber *ich* will damit nichts zu tun haben! Die Frage ist natürlich auch, was frau in derartigen Situationen überhaupt ausrichten und anders machen kann ... (Meine Sendung wird garantiert als »zu pessimistisch« oder »zu radikal« kritisiert werden.)
Ich habe vor unserer Reise auch noch einige Interviewtermine mit Frauen und Männern, die im Nationalsozialismus emigriert waren. Dabei geht es um Rechtsextremismus und Antisemitismus heute – bestimmt kein *schöneres* Thema, aber eines, das mich zwingt, wieder andere Dinge zu lesen als in den vergangenen Monaten.

Bis bald! Vivian

Nachsatz: Ich werde das Gefühl nicht los, daß das eine Thema mit dem anderen zu tun hat. Doch ich will nicht zu schwarz sehen. Heute sehe ich allerdings eher dunkel ...

Nachsatz 2: Jochen ist hier und kocht gerade für mich. Wir vertragen uns zur Zeit – debattierend. Stell Dir vor, er ist regelrecht in sich gegangen nach unserer Auseinandersetzung über sein Vatersein und hat mir nachträglich zumindest teilweise recht gegeben! Das hat mich fast gerührt. Nun gilt es abzuwarten, was die Praxis bringt. (Ich hab ihn sehr, sehr gern, diesen blöden Mann!) Heute abend will ich meine Zunge hüten, zumindest, bis sein köstliches Huhn in Zitronensoße verspeist ist und ich mit ihm im Bett war. – Findest Du mich unmoralisch? – Ich bin jedoch der Meinung, auch Frauen brauchen einmal eine Pause! – Und Mütter ganz besonders.

Literatur

Aly, Monika, Götz Aly und Morlind Tumler: Kopfkorrektur oder der Zwang gesund zu sein. Ein behindertes Kind zwischen Therapie und Alltag. Hamburg 1991

Ariès, Philippe: Geschichte der Kindheit. München 1975

Ders.: Die Familie – ein Gefängnis der Liebe. In: Sonderband Psychologie heute »Kindheit ist nicht kinderleicht«. Weinheim/Basel 1980

Badinter, Elisabeth: Die Mutterliebe. Geschichte eines Gefühls vom 17. Jahrhundert bis heute. München 1981

Barber, Virginia und Merill Maguire Skaggs: Die Mutter. Erfahrungen und Vorschläge für ein besseres Selbstverständnis. Reinbek bei Hamburg 1980

Becker, Rolf, Walter Fuhrmann, Wolfgang Holzgreve und Karl Sperling: Pränatale Diagnostik und Therapie. Humangenetische Beratung, Äthiologie und Pathogenese von Fehlbildungen, invasive, nichtinvasive und sonographische Diagnostik sowie Therapie in utero. Stuttgart 1995

Beck-Gernsheim, Elisabeth: Die Kinderfrage. Frauen zwischen Kinderwunsch und Unabhängigkeit. München 1989

Dies.: Technik, Markt und Moral. Über Reproduktionsmedizin und Gentechnologie. Frankfurt/M. 1991

Belotti, Elena Gianini: Was geschieht mit kleinen Mädchen? München 1975

Benard, Cheryl und Edit Schlaffer: Sagt uns, wo die Väter sind. Von Arbeitssucht und Fahnenflucht des zweiten Elternteils. Reinbek bei Hamburg 1993

Benjamin, Jessica: Die Fesseln der Liebe. Psychoanalyse, Feminismus und das Problem der Macht. Basel [u. a.] 1990

Dies.: Phantasie und Geschlecht. Studien über Idealisierung, Anerkennung und Differenz. Basel [u. a.] 1993

Berninghausen, Jutta: Der Traum vom Kind – Geburt eines Klischees. Mutterschaft: Ideologie, Wunsch und Wirklichkeit. Frankfurt/M. [u. a.] 1980

Biester, Elke, Barbara Holland-Cunz, Eva Maleck-Lewy, Anja Ruf und Birgit Sauer (Hg.): Gleichstellungspolitik – Totem und Tabus. Eine feministische Revision. Frankfurt/M. [u. a.] 1994

Brigitte-Dossier: Die Sehnsucht nach Familie. In: Brigitte, Hamburg, Nr. 18/1993

Brinker-Gabler, Gisela (Hg.): Frauenarbeit und Beruf. Frankfurt/M. 1979

Bruns, Theo, Ulla Penselin und Udo Sierck (Hg.): Tödliche Ethik. Beiträge gegen Eugenik und ›Euthanasie‹. Hamburg 1990
Bundesarbeitsgemeinschaft Frauen der GRÜNEN: Argumente gegen eine neue (alte) Politik der Mütterlichkeit. Bonn 1987
Bundeszentrale für gesundheitliche Aufklärung: Das Baby. Ein Leitfaden für Eltern. Köln 1973
CARA e.V.: Schwanger sein – ein Risiko? Informationsbroschüre zu vorgeburtlichen Tests in der Schwangerschaft mit ihrer persönlichen und politischen Bedeutung. Bremen 1994
Chodorow, Nancy: Das Erbe der Mütter. Psychoanalyse und Soziologie der Geschlechter. München 1985
Cooper, David: Der Tod der Familie. Ein Plädoyer für eine radikale Veränderung. Reinbek bei Hamburg 1972
Corea, Gena: MutterMaschine. Reproduktionstechnologien – von der künstlichen Befruchtung zur künstlichen Gebärmutter. Frankfurt/M. 1988
Correa, Sonia: Sterilisationen in Brasilien. In: Wichterich (Hg.) 1994
Degener, Theresia und Swantje Köbsell: »Hauptsache, es ist gesund«? Weibliche Selbstbestimmung unter humangenetischer Kontrolle. Hamburg 1992
Deutscher Kinderschutzbund: Hilfe statt Gewalt. Erklärung zur gewaltsamen Beeinträchtigung von Kindern in Familien. Hannover 1989
Ders.: Statistik und Hochrechnung »Gewalt gegen Kinder« 1988–1993. Hannover 1995
Dieckmann, Dorothea: Unter Müttern. Eine Schmähschrift. Reinbek bei Hamburg 1995
Dienel, Christiane: Familienpolitik und Armutsbekämpfung in den zwölf Ländern der EG. In: Aus Politik und Zeitgeschichte. Beilage zur Wochenzeitung Das Parlament. Bonn, 18. 2. 1994
Dinnerstein, Dorothy: Das Arrangement der Geschlechter. Stuttgart 1979
Düring, Sonja und Margret Hauch (Hg.): Heterosexuelle Verhältnisse. Stuttgart 1995
Ebbinghaus, Angelika: Das Müttermanifest – eine Variante der Bevölkerungspolitik. In: 1999. Zeitschrift für Sozialgeschichte des 20. und 21. Jahrhunderts, Hamburg, Nr. 3/1987
Eichhorn, Cornelia und Sabine Grimm (Hg.): Gender Killer. Texte zu Feminismus und Politik. Berlin [u.a.] 1994
Eltern. München, Nr. 7/1995
Ehrhardt, Ute und Wilhelm Johnen: Strategien für Mütter mit Beruf. Gut organisiert bei Doppelbelastung. München 1994
Erler, Gisela: Frauenzimmer. Für eine Politik des Unterschieds. Berlin 1985

Dies., Monika Jäckel, Rudolf Pettinger und Jürgen Sass: Kind? Beruf? oder beides? Hg.: Brigitte-Redaktion. Hamburg 1988
Feministisches Frauen Gesundheits Zentrum e.V. Berlin: Wechseljahre. Eine Broschüre zur Selbsthilfe. Berlin 1994
Friday, Nancy: Wie meine Mutter. Frankfurt/M. 1977
Friedan, Betty: Der Weiblichkeitswahn oder die Selbstbefreiung der Frau. Ein Emanzipationskonzept. Reinbek bei Hamburg 1970
Gambaroff, Marina, Maria Mies, Annegret Stopczyk und Claudia v. Werlhof (Hg.): Tschernobyl hat unser Leben verändert. Reinbek 1986
Geißler, Heiner (Hg.): Abschied von der Männergesellschaft. Frankfurt/M. [u.a.] 1986
Gruppe Feministischer Internationalismus (Hg.): Zwischen Staatshaushalt und Haushaltskasse. Frauen in der Weltwirtschaft. Bremen 1989
Gysi, Jutta und Dagmar Meyer: Leitbild: berufstätige Mutter – DDR-Frauen in Familie, Partnerschaft und Ehe. In: Helwig/Nickel 1993
Hadler, Antje und Michael E. Domisch: Frauen auf dem Weg in Spitzenpositionen der Wirtschaft? In: Aus Politik und Zeitgeschichte. Beilage zur Wochenzeitung Das Parlament. Bonn, 11. 2. 1994
Hagemann-White, Carol: Sozialisation: Weiblich – männlich? Alltag und Biographie von Mädchen. Opladen 1984
Hehr, Inge: Die Kinderfalle. Über den Zusammenhang von ungeschützten Arbeitsverhältnissen und geschlechtshierarchischer Arbeitsteilung. In: beiträge zur feministischen theorie und praxis. Köln, Nr. 21/22, 1988
Heim, Susanne und Ulrike Schaz: »Das Revolutionärste, was die Vereinigten Staaten je gemacht haben«. Vom Aufstieg des Überbevölkerungsdogmas. In: Wichterich (Hg.) 1994
Helwig, Gisela und Hildegard Maria Nickel (Hg.): Frauen in Deutschland 1945–1992. Bonn 1993
Helwerth, Ulrike und Gislinde Schwarz: Von Muttis und Emanzen. Feministinnen in Ost- und Westdeutschland. Frankfurt/M. 1995
Hess-Diebäcker, Doris und Marlene Stein-Hilbers: Partnerschaftsideologien und das Modell der geteilten Elternschaft. In: IFF (Hg.) 1989
Hettlage, Robert: Familienreport. Eine Lebensform im Umbruch. München 1992
Hilberg, Raul: Die Vernichtung der europäischen Juden. Frankfurt/M. 1990
Hoffmann, Sibylle: Ich schaff das schon! Junge Frauen werden Mutter. Wünsche, Ängste, Wirklichkeit. Reinbek bei Hamburg 1987
Hügel, Ika, Chris Lange, May Ayim, Ilona Bubeck, Gülsen Aktas und Dagmar Schultz (Hg.): Entfernte Verbindungen. Rassismus Antisemitismus Klassenunterdrückung. Berlin 1993
IFF (Interdisziplinäre Forschungsgruppe Frauenforschung) (Hg.): La Mamma! Beiträge zur sozialen Institution Mutterschaft. Köln 1989

Jacobeit, Sigrid und Wolfgang Jacobeit: Illustrierte Alltagsgeschichte des deutschen Volkes 1550–1810. Köln 1986

Dies.: Illustrierte Alltagsgeschichte des deutschen Volkes 1810–1900. Köln 1988

Katz-Rothman, Barbara: Schwangerschaft auf Abruf. Vorgeburtliche Diagnose und die Zukunft der Mutterschaft. Marburg 1989

Kitzinger, Sheila: Das Jahr nach der Geburt. Ein Überlebenshandbuch für Mütter. München 1995

Köbsell, Swantje: Die Guten ins Töpfchen, die Schlechten …? Alte und neue Eugenik in Deutschland. In: Wichterich (Hg.) 1994

Kühnast, Ute und Ilona Rettmer: Rabenmutter – Stigma oder Befreiung von Rollenzwängen? Diplomarbeit an der Universität Oldenburg, August 1987

Künzler, Jan: Familiale Arbeitsteilung. Die Beteiligung von Männern an der Hausarbeit. Bielefeld 1994

Landweer, Hilge: Das normative Verhaltensmuster »Mutterliebe«. In: IFF (Hg.) 1989

Dies.: Reproduktion von Mütterlichkeit in feministischer psychoanalytischer Theorie. In: IFF (Hg.) 1989

Leyrer, Katja: Rabenmutter – Na und? Reinbek bei Hamburg 1989

Liedloff, Jean: Auf der Suche nach dem verlorenen Glück. Gegen die Zerstörung unserer Glücksfähigkeit in der frühen Kindheit. München 1980

Linde, Lisl: Frauen im Management. Hg.: Helga Stödter-Stiftung zur Förderung von Frauen für Führungspositionen. Wentorf bei Hamburg 1989

Mause, Lloyd de (Hg.): Hört ihr die Kinder weinen. Eine psychogenetische Geschichte der Kindheit. Frankfurt/M. 1980

Meyer, Sibylle und Eva Schulze: Frauen in der Modernisierungsfalle – Wandel von Ehe, Familie und Partnerschaft in der Bundesrepublik Deutschland. In: Helwig/Nickel (Hg.) 1993

Mies, Maria: Reproduktionstechnik als sexistische und rassistische Bevölkerungspolitik. In: Frauen gegen Gentechnik und Reproduktionstechnik. Hg.: Die GRÜNEN, AK Frauenpolitik & Sozialwissenschaftliche Forschung und Praxis für Frauen e.V. Köln 1986

Möller, Carola: Flexibilisierung – Eine Talfahrt in die Armut. In: Gruppe Feministischer Internationalismus (Hg.) 1989

Dies.: Über das Brot, das euch in der Küche fehlt, wird nicht in der Küche entschieden. In: beiträge zur feministischen theorie und praxis. Köln, Nr. 29/1991

Müttercourage Hamburg (Hg.): »Kinners nochmal!«. Tips für Mütter Nr. 2. Hamburg 1993

»Müttermanifest«. Leben mit Kindern – Mütter werden laut. Dokumenta-

tion. In: beiträge zur feministischen theorie und praxis. Köln, Nr. 21/22, 1988
Nickel, Hildegard Maria: »Mitgestalterinnen des Sozialismus« – Frauenarbeit in der DDR. In: Helwig/Nickel (Hg.) 1993
Nissim, Rina: Wechseljahre Wechselzeit. Ein naturheilkundliches Handbuch. München 1995
Notz, Gisela, Heike Notz und Maika Troscheit: Das Leben ist doch kein Kindergeburtstag. Leben mit Kindern – Mütter außerhalb der Kleinfamilie. In: beiträge zur feministischen theorie und praxis. Köln, Nr. 21/22, 1988
Nuber, Ursula: Der Traum von der Idealfamilie. In: Psychologie heute. Weinheim/Basel, Nr. 3/1993
Olivier, Christiane: Jokastes Kinder. Die Psyche der Frau im Schatten der Mutter. München 1989
Osterloh, Margit und Karin Oberholzer: Der geschlechtsspezifische Arbeitsmarkt: Ökonomische und soziologische Erklärungsansätze. In: Aus Politik und Zeitgeschichte. Beilage zur Wochenzeitung Das Parlament. Bonn, 11. 2. 1994
Parlament, Das. 11., 18. u. 25. 2. 1994
Pass-Weingartz, Dorothee und Gisela Erler (Hg.): Mütter an die Macht. Die neue Frauen-Bewegung. Reinbek bei Hamburg 1989
Pinl, Claudia: Die CDU und die Frauen. In: beiträge zur feministischen theorie und praxis. Köln, Nr. 18/1986
Potthast, Gabriele: Und wo bleiben die Väter? In: Pass-Weingartz/Erler 1989
Pross, Helge: Die Wirklichkeit der Hausfrau. Die erste repräsentative Untersuchung über nichterwerbstätige Ehefrauen. Reinbek bei Hamburg 1976
Reichle, Barbara: Die Geburt des ersten Kindes – eine Herausforderung für die Partnerschaft. Verarbeitung und Folgen einer einschneidenden Lebensveränderung. Bielefeld 1994
Rode, Hildegard und Margot Wilke: Außerfamiliale Kinderbetreuung: Grundlage der Verwirklichung weiblicher Lebensvorstellungen. In: IFF (Hg.) 1989
Roeder, Helgard: Mit einem Kind habe ich nicht gerechnet. Männer und Schwangerschaft. München 1994
Rössler, Beate (Hg.): Quotierung und Gerechtigkeit. Eine moralphilosophische Kontroverse. Frankfurt/M. [u.a.] 1993
Rohr, Barbara: Eugenische Indikation im Paragraph 218 – Hin- und hergerissen zwischen unterschiedlichen Moralen. In: Stein (Hg.) 1992
Rosenbaum, Heidi: Formen der Familie. Untersuchungen zum Zusammenhang von Familienverhältnissen, Sozialstruktur und sozialem Wandel in der deutschen Gesellschaft des 19. Jahrhunderts. Frankfurt/M. 1982

Rousseau, Jean-Jacques: Erziehung (1762). Paderborn [u.a.] 1981
Ruddick, Sue: Die Flintstones aufknacken. Zur Neuordnung der modernen Familie. In: Eichhorn/Grimm (Hg.) 1994
Runte, Annette: »Muttersprachliches«. Diskursanalytische Anmerkungen zum neuen Muttermythos. In: beiträge zur feministischen theorie und praxis. Köln, Nr. 21/22, 1988
Sauer-Burghard, Brunhilde: »... wie taube Nüsse am Weltenbaum ...«. Eine Wiederauflage reaktionärer Frauenpolitik gegen Emanzipation und sog. kinderlose Frauen. In: beiträge zur feministischen theorie und praxis. Köln, Nr. 21/22, 1988
Scheu, Ursula: Wir werden nicht als Mädchen geboren – wir werden dazu gemacht. Zur frühkindlichen Erziehung in unserer Gesellschaft. Frankfurt/M. 1977
Schindele, Eva: Gläserne Gebär-Mütter. Vorgeburtliche Diagnostik – Fluch oder Segen. Frankfurt/M. 1990
Schmidt, Gunter: Emanzipation und der Wandel heterosexueller Beziehungen. In: Düring/Hauch (Hg.) 1995
Schneider, Regine: Oh, Baby ... Das hatte ich mir ganz anders vorgestellt. Erfahrungen von Frauen beim ersten Kind. München 1991.
Dies. und Bettina Stülpnagel: Will ich wirklich ein Kind? Entscheidungshilfen für nachdenkliche Paare. Freiburg [u.a.] 1995
Schütze, Yvonne: Die gute Mutter. Zur Geschichte des normativen Musters »Mutterliebe«. Bielefeld 1986
Schultz, Susanne: Feministische Bevölkerungspolitik? Zur internationalen Debatte um Selbstbestimmung. In: Eichhorn/Grimm (Hg.) 1994
Schunter-Kleemann, Susanne (Hg.): EG-Binnenmarkt – EuroPatriarchat oder Aufbruch der Frauen? Bremen 1990
Schwarzer, Alice: Simone de Beauvoir heute. Gespräche aus zehn Jahren. Reinbek bei Hamburg 1983
Schwarzer Faden: Bevölkerungspolitik. Grafenau, Nr. 3/1994
Sichtermann, Barbara: Leben mit einem Neugeborenen. Ein Buch über das erste halbe Jahr. Frankfurt/M. 1981
Dies.: Vorsicht, Kind. Eine Arbeitsplatzbeschreibung für Mütter, Väter und andere. Berlin 1982
Sierck, Udo: Das Risiko nichtbehinderte Eltern zu bekommen. Kritik aus der Sicht eines Behinderten. München 1989
Spiegel, Der: »Milde Form des Irreseins«. Hamburg, Nr. 20/1993
Staatssekretariat für westdeutsche Fragen: Das schöne Geschlecht und die Gleichberechtigung in der DDR. Ost-Berlin 1970
Statistisches Bundesamt: Im Blickpunkt: Familien heute. Stuttgart 1995
Dass.: Mitteilungen für die Presse. Wiesbaden, 28.2., 2.5. und 7. 7. 1995
Stein, Anne-Dore (Hg.): Lebensqualität statt Qualitätskontrolle menschlichen Lebens. Berlin 1992

Steinbrecher, Sigrid: Die Vaterfalle. Die Macht der Väter über die Gefühle der Töchter. Reinbek bei Hamburg 1991
Stein-Hilbers, Marlene: Mutterschaft als soziale Institution und subjektive Erfahrung. In: IFF (Hg.) 1989
Dies.: (Zu) Wem gehört das Kind? In: IFF (Hg.) 1989
Stopczyk, Annegret: Vom Ausstieg aus der männlichen Zivilisation. In: Gambaroff [u. a.] (Hg.) 1986
Dies.: Von der ›autonomen emanzipierten‹ zur ›mütterbewegten‹ Frau. Eine Geschichte vor und nach Tschernobyl. In: Pass-Weingartz/Erler (Hg.) 1989
Strobl, Ingrid: Strange Fruit. Bevölkerungspolitik: Ideologien Ziele Methoden Widerstand. Berlin [u. a.] 1991
Süssmuth, Rita: Der Vater als Bezugsperson des Kindes. In: Geißler (Hg.) 1986
Dies.: 10 Thesen zum »Müttermanifest«. Manuskript einer Rede anläßlich eines Treffens mit Journalistinnen am 17. 7. 1987 in Bonn. In: Dokumentation zum Müttermanifest. Hg.: Archivgruppe im Frauenbildungszentrum Denk-t-räume. Hamburg 1987
Swoboda, Ellen: »Es ist an der Zeit für eine neue Frauenbewegung« – aber es ist alles schon einmal dagewesen. In: beiträge zur feministischen theorie und praxis. Köln, Nr. 21/22, 1988
Thürmer-Rohr, Christina: Wir sind nicht Reisende ohne Gepäck – Fragen der letzten zwei Jahre an die weiße westliche Frauenbewegung. In: Hügel [u. a.] (Hg.) 1993
Thurer, Shari: Mythos Mutterschaft. Wie der Zeitgeist das Bild der guten Mutter immer wieder neu erfindet. München 1995
Waldschmidt, Anne: Humangenetische Beratung heute – ein Instrument der Auslese? In: Stein (Hg.) 1992
Weber-Kellermann, Ingeborg: Die deutsche Familie. Versuch einer Sozialgeschichte. Frankfurt/M. 1974
Werlhof, Claudia v.: Wir werden das Leben unserer Kinder nicht dem Fortschritt opfern. In: Gambaroff [u. a.] (Hg.) 1986
Wichterich, Christa (Hg.): Menschen nach Maß. Bevölkerungspolitik in Nord und Süd. Göttingen 1994
Dies.: Frauen der Welt. Vom Fortschritt der Ungleichheit. Göttingen 1995
Wieck, Wilfried: Söhne wollen Väter. Wider die weibliche Umklammerung. Frankfurt/M. 1994
Zetkin, Clara: Die Arbeiterinnen- und Frauenfrage der Gegenwart (1889). In: Brinker-Gabler (Hg.) 1979

Ingeborg Mues (Hg.)

Die Phantasie ist eine Frau

Sechsundzwanzig Originalerzählungen

Band 13945

›Die Frau in der Gesellschaft‹ feiert 1998 ihren zwanzigsten Geburtstag. 1978 gegründet, bietet die Reihe seitdem Schriftstellerinnen Raum für ihre literarische Kreativität. Dieser Band enthält eine Sammlung von Geschichten, die das breite Spektrum des belletristischen Programms der Reihe widerspiegelt. Ernste literarische Texte, nachdenklich und poetisch, amüsante Storys, fetzig und frech, spannende Erzählungen mit Thrill und Raffinesse. Sie alle zeigen: Die Phantasie ist eine Frau.

»Anstrengend und radikal, wagemutig und frech, beständig und genau. Keinem Trend nachlaufend, sondern eigene Trends schaffend.«

Sabine Deitmer über die Reihe ›Die Frau in der Gesellschaft‹

Fischer Taschenbuch Verlag

fi 703 / 7

Ingeborg Mues (Hg.)

Was Frauen bewegt und was sie bewegen

Band 13946

Seit 20 Jahren setzt sich die Reihe ›*Die Frau in der Gesellschaft*‹ für eine offene Diskussion innerhalb der Frauenbewegung ein. Sie bietet engagierten Autorinnen hierfür ein Forum, von dem Impulse ausgegangen sind. Die Beiträge dieser Anthologie erzählen davon, wie alles begann, was erreicht wurde und was es – trotz allem – noch immer zu tun gibt. Wohin geht die Frauenbewegung? Vom Weiberrat bis zur Frauenpartei, vom Marsch durch die Institutionen bis zur ersten Kanzlerin im Jahr 2002? Eine spannende Bestandsaufnahme und ein aufschlußreicher Ausblick in die Zukunft.

Fischer Taschenbuch Verlag

fi 706 / 8

Helga Häsing und Ingeborg Mues (Hg.)

Und wenn ich dich liebe, was geht's dich an?

Gedichte und Geschichten

Band 11612

Diese Anthologie versammelt Gedichte und Geschichten von Frauen über die Liebe, Texte sehr unterschiedlicher Art, die in jüngerer Zeit entstanden sind. Es sind Liebesgedichte und Liebesgeschichten im »eigentlichen Sinne«, die von der Sehnsucht, von Träumen und Illusionen, vom Begehren oder Begehrtwerden, vom Glücklich- oder Traurigsein erzählen und das uralte und immer wieder neue Thema mit vielerlei Variationen durchspielen. Doch daneben stehen Texte, in denen die Liebe, »die Himmelsmacht«, mit ironischer Distanz und Skepsis behandelt wird. Texte, geschrieben in einer Zeit, in der Beziehungen immer brüchiger zu werden scheinen, in der Frauen aber auch ein neues Selbstbewußtsein, eine neue Unabhängigkeit entwickelt haben. »Und wenn ich dich liebe, was geht's dich an?«: Das Spektrum der Empfindungen, die dieser Satz ausdrückt, spiegeln die Gedichte und Geschichten wider.

Fischer Taschenbuch Verlag

fi 709 / 4

Margarete Mitscherlich

Die friedfertige Frau

Eine psychoanalytische Untersuchung zur Aggression der Geschlechter

Band 4702

In diesem Buch untersucht Margarete Mitscherlich das unterschiedliche Aggressionsverhalten der Geschlechter auf den verschiedenen Ebenen und entwirft auf dieser Grundlage gleichsam eine Typologie der geschlechtsspezifischen aggressiven Reaktionsformen. Mit Hilfe des psychoanalytischen Instrumentariums leuchtet sie den psychischen und sozialen Hintergrund dieser unterschiedlichen Verhaltensweisen aus und sucht die besonderen Sozialisationsformen zu klären, aus denen heraus sich, sozusagen als Überbau zur Natur der Geschlechter, die unterschiedlichen Reaktionsweisen der Geschlechter entwickeln. Die Autorin räumt auch mit dem Mythos auf, der uns weismachen will, die Frau sei von Natur aus friedfertig, der Mann hingegen gewalttätig. Die »Friedfertigkeit« der Frau ist anerzogen, mit Bedacht anerzogen, denn sie hindert die Frau daran, gegen die vermeintlich naturgegebene männliche Herrschaft und Unterdrückung zu rebellieren. So ist dieses Buch auch ein Appell an die Frau, die sozialisierte und instrumentalisierte Friedfertigkeit abzustreifen und dem zur Gewalttätigkeit neigenden – ebenfalls anerzogenen – Dominanzverhalten der Männer Paroli zu bieten.

Fischer Taschenbuch Verlag

fi 1304 / 3

Margarete Mitscherlich

Über die Mühsal der Emanzipation

Band 12473

Zur Mühsal der Emanzipation gehört nach den Worten der Autorin nicht nur die gelegentliche Auseinandersetzung mit Mißverständnissen, theoretischen Spitzfindigkeiten, wie sie Männer mehr zu lieben scheinen als Frauen, sondern vor allem die alltägliche, ermüdende Konfrontation mit offenen wie versteckten Diffamierungen, mit beruhigendem Schulterklopfen, mit Vertröstungen und Lobhudeleien, die in Wahrheit nur die bestehenden Rollenstereotype und Machtverhältnisse aufrechterhalten sollen. In diesem Buch setzt sich Margarete Mitscherlich vor allem mit den männlichen Wertvorstellungen und deren Einfluß auf das Leben der Frau auseinander. Die geforderte ständige Auseinandersetzung mit falschen Werten und Vorurteilen in der innerseelischen wie der äußeren Welt der Frau macht nach Margarete Mitscherlich die immer wieder von Rückschlägen bedrohte Mühsal der Emanzipation aus.

Fischer Taschenbuch Verlag

fi 1912 / 4

Katharina Bareiter

Depression
Rückzug aus dem Leben

Aufzeichnungen

Band 10571

Nach außen eine Bilderbuchfamilie: zwei prächtige Eltern mit interessanten Berufen, zwei prächtige Kinder, keine Probleme. Katharina Bareiter versucht, mit der Dreifachbelastung als Ehefrau, Mutter und Journalistin fertig zu werden und perfekt zu funktionieren. Bis sie – scheinbar aus heiterem Himmel – in einer schweren Depression versinkt, die sie bis zur Selbstaufgabe treibt, bis zur Flucht in den Alkohol, zum Selbstmordversuch. Erst dann gibt sie das Versteckspiel auf und geht in die gefürchtete Psychiatrie. Hier endlich findet sie Hilfe bei einem verständnisvollen Arzt und Therapeuten, der ihr die Angst vor ihrem Leben nimmt. In ihren Aufzeichnungen berichtet sie über die lange Vorgeschichte ihrer lebensbedrohenden Krankheit, über ihre leidvolle Odyssee auf der Suche nach Hilfe, über den Klinikalltag, die verschiedenen Therapien, die Ängste und Rückschläge und die mühevollen kleinen Schritte auf dem Weg zur Gesundung. Ihr Bericht endet zuversichtlich: Sie hat ihr Leben verändert, noch einmal mit einem Studium begonnen, von dem sie immer träumte, und hat gelernt, ja zu sich selbst zu sagen. Ein Buch, das an Depressionen erkrankten Menschen und ihren Angehörigen Mut macht, nicht aufzugeben, sondern Hilfe zu suchen.

Fatiah

Eine Frau in Algerien

Chronik des täglichen Terrors

Aus dem Französischen von
Elisabeth Brilke

Band 13882

Algerien findet seit den Wahlen im Jahre 1991 keine Ruhe. Tagtäglich ist es Schauplatz brutaler Morde und Attentate. Bewaffnete Fanatiker liefern sich einen grausamen Kampf mit der Regierung, die ihrerseits unbarmherzig zurückschlägt. Über sechzigtausend Menschen sind bisher den Gewaltakten zum Opfer gefallen. Fatiah, eine Lehrerin, die in Algier lebt, beschreibt in ihrem couragiertem Bericht eindringlich die eigene tiefsitzende Angst, den täglichen Schrecken angesichts der furchtbaren Nachrichten und spricht damit für alle Frauen ihres Landes, für deren Zukunft ein Sieg der »Islamischen Heilsfront« einen Rückfall in mittelalterliche Zustände bedeuten würde. Die einzige Möglichkeit zur Beendigung des Terrors sieht Fatiah (und mit ihr ein Großteil der algerischen Intellektuellen) in der Versöhnung von französischer und algerischer Kultur, ohne daß eine von beiden aufgegeben werden muß.

Fischer Taschenbuch Verlag

fi 720 / 3

Mechtild Jansen

Frauen haben die Wahl

Band 14155

Mehr als die Hälfte der Wahlberechtigten bei der Bundestagswahl im September 1998 sind weiblich. Welche Bedeutung hat das im Jahre acht nach der Wiedervereinigung? Ist das Thema Gleichberechtigung von den nationalen Wogen ebenso davongespült worden wie das der Ökologie und das der Dritten Welt? Oder haben Frauen noch die Wahl? Die feministische Journalistin Mechtild Jansen leuchtet die Wahlkabine speziell für die Bürgerinnen aus: Gibt es ein spezifisch weibliches Wahlverhalten? Stehen 1998 Themen und Programme zur Wahl, die mit der Lebenswirklichkeit von Frauen unmittelbar zu tun haben? Können Frauen durch die Teilnahme an der Wahl etwas bewegen? Für sich selbst oder für bestimmte Kandidatinnen? Welche Wahlrechtsveränderungen wären notwendig, um weibliche Themen, Interessen und Kandidaten besser zur Geltung zu bringen? Welches politische Engagement von Frauen ist in den entpolitisierten 90ern sinnvoll, möglich und erforderlich? Aber auch: Welche Politikformen der Frauenbewegung wirken auf jüngere Frauen überholt? Mechtild Jansens Bericht zur Lage der Frauen 1998 ist ein Appell zum Engagement: Frauenpolitik ist dringend notwendig – und sie ist sinnvoll!

Fischer Taschenbuch Verlag

fi 502 / 7